MARILYN MONROE

MARILYN MONROE

por María Eustolia Samaniego

Grupo Editorial Tomo, S.A. de C.V.
Nicolás San Juan 1043
03100 México, D.F.

1a. edición, octubre 2003.

© Grupo Editorial Tomo, S.A. de C.V.
  Marilyn Monroe

© 2003, Grupo Editorial Tomo, S.A. de C.V.
  Nicolás San Juan 1043, Col. Del Valle
  03100 México, D.F.
  Tels. 5575-6615, 5575-8701 y 5575-0186
  Fax. 5575-6695
  http://www.grupotomo.com.mx
  ISBN: 970-666-869-1
  Miembro de la Cámara Nacional
  de la Industria Editorial No 2961

Proyecto: Roberto Mares
Diseño de Portada: Trilce Romero
Formación Tipográfica: Servicios Editoriales Aguirre, S.C.
Supervisor de producción: Leonardo Figueroa

Impreso en México - *Printed in Mexico*

Contenido

Contenido

Prólogo

Se dice que los hombres necesitamos de mitos para subsistir; para la subsistencia psicológica, se entiende, porque el subsistir física y socialmente se resuelve, mal que bien, en el bregar cotidiano, sin mayor consecuencia que el cansancio del cuerpo y el fastidio del alma; pero en las noches, en la oscuridad de la sala de cine, frente al televisor o simplemente en el espacio privado de nuestros sueños y fantasías, la mente quiere desligarse de la insulsa realidad y las ideas se esparcen y diversifican de tal manera que pareciera que cada quien elabora sus propias imágenes y símbolos, sin más lógica que el deseo y la voluntad de la persona que imagina.

Esa imaginería personal es verdadera, pero también es verdad que los sueños de unos se parecen tanto a los de otros que es como un mismo sueño vivido colectivamente, se habla entonces de mitos, y esos mitos se expresan en un lenguaje simbólico, o sea que las imágenes significan lo que en realidad quieren significar en el mundo de lo cotidiano, pero además de ello, poseen un significado más profundo y sustancial, que no es claro y evidente, pero que es esencial para que un mito tenga un carácter auténtico y cause un efecto en la mente de los espectadores y los soñadores.

Cuando se habla de los grandes "mitos" del siglo XX, generalmente se incluye a Marilyn Monroe en esa clase de fenómenos, pues se dice que ella fue un símbolo, y más específicamente un "símbolo sexual"; pero eso es muy poco decir sobre la imagen de Marilyn Monroe, y en realidad la descalifica como símbolo, dándole solamente la categoría de "objeto sexual", lo que le da un significado claro y convencional, pero de ninguna manera la convierte en un símbolo.

¿Dónde radica entonces el carácter simbólico de la imagen de Marilyn en la pantalla?... Desde luego, hay un significado sexual obvio, pues ella es deseable por cualquier ángulo que se la vea. Pero no es solamente eso lo que atrae a los hombres y desconcierta a las mujeres; es algo más, algo mucho más estimulante y poderoso. La imagen oculta, el símbolo, es una mezcla explosiva de ternura, picardía, fragilidad, vulnerabilidad, erotismo y otras cosas más que existen atenuadas en las mujeres adultas y que son más propias de las niñas pequeñas, impúberes y asexuadas todavía, pero que manejan a la perfección el arte de la seducción con su padre o con cualquier hombre que represente estructura, autoridad y protección.

Tanto en la vida privada como en la pantalla, Marilyn va más allá de la sexualidad y entra en la zona del sentimiento paternal, donde se generan los impulsos más nobles de los hombres, los deseos de cuidar, de dar cariño y protección a la pequeña desvalida, de hacer todo lo necesario para que sea feliz.

En las fotos fijas o en la pantalla, Marilyn despliega su arte seductor de niña que busca el amor de un padre, y en ella no era un arte histriónico, sino la expresión de su verdadera condición emocional; es por ello que su imagen es auténtica y poderosa, pues el símbolo que encarna y la persona son la misma cosa.

Definitivamente, Marilyn no fue un símbolo sexual, sino algo diferente y mucho más complejo. Es un mito que toca los confines del erotismo secreto de los hombres, aquella zona oscura del amor prohibido de un padre por su hija, de un tío por la sobrinita desvalida y tierna, pero endiabladamente hermosa y provocativa.

Lo que aquí leeremos es la historia de la mujer, el mito lo dejamos donde debe estar: en la pantalla del cine y en ese archivo repleto de imágenes de Marilyn Monroe, que muchos hombres conservamos como un tesoro, guardado en la imaginación.

Roberto Mares

1

Las raíces del desamor

Uno de los primeros recuerdos felices de Marilyn Monroe fue cuando descubrió una fotografía de su padre, al que no conocía. Un año después puso en un álbum una fotografía de Clark Gable, porque decía que se parecía mucho a su padre, "especialmente en la manera de llevar el sombrero y el bigote"; este es un dato esclarecedor de la infancia de Marilyn Monroe.

Cuando ocasionalmente visitaba a mi madre me quedaba fascinada mirando esa fotografía en la pared, que era la única enmarcada. Entonces yo permanecía de pie frente a esa fotografía y casi no respiraba por el miedo a que mi madre me ordenara que dejara de hacer lo que estaba haciendo. Pues ya entonces había descubierto que la gente mayor siempre me ordenaba que dejara de hacer lo que me gustaba... En esa ocasión, mi madre me sorprendió mirando la fotografía, pero no se enojó conmigo, por el contrario, me subió en una silla para que pudiera verla más de cerca.

— Es tu padre — me dijo.

Yo sentí una excitación que casi me provocó que me cayera de la silla. Era una sensación tan buena el tener un padre y poder mirar su imagen en la foto, sabiendo que yo era parte de él. Llevaba el sombrero con el ala caída, había una lucecita de vivacidad en sus ojos y tenía el bigote recortado a lo Clark Gable. Entonces sentí una gran ternura por él. Mi madre me dijo que él había muerto en un accidente automovilístico en Nueva York. En aquellos tiempos yo creía en todo lo que me decían, pero esto no quise creerlo; preferí no creer que hubiera muerto aplastado en un choque de autos. Le pregunté a mi madre cómo se llamaba, pero en vez de contestarme, ella se encerró en su habitación.

En algunas ocasiones en que se le preguntó, Marilyn dijo que su padre se había llamado Stanley Gifford; sin embargo ese nombre no corresponde a ninguno de los maridos de Gladys Baker, la madre de Marilyn. El primero de ellos fue Jack Baker, de quien tomó el apellido, y el segundo fue Edward Mortensen. Del primero Gladys había tenido dos hijos: Jack y Berenice, a los cuales ella había abandonado, siendo recogidos por unos parientes del señor Baker. Antes, Gladys había vivido una temporada con sus hijos en casa de su madre, aunque se fue a Hollywood en cuanto los parientes de su esposo recogieron a los pequeños.

Gladys conoció a Mortensen en 1924; se casaron ese mismo año y alquilaron una casita en pleno Hollywood, en la avenida Santa Bárbara. No pasó mucho tiempo en que Gladys comenzara a dar muestras de conducta excéntrica, lo que era el principio de un desequilibrio que llegaría a evolucionar hasta convertirse en una seria enfermedad mental. A consecuencia de estos trastornos, la relación de la pareja se fue deteriorando, hasta que un día, el señor Mortensen decidió abandonarla y se fue a vivir a San Francisco.

Las carencias económicas la obligaron a buscar un empleo, y lo encontró en los laboratorios cinematográficos de la Consolidated Film Industries, donde conoció a Stanley Gifford, un hombre de treinta años con fama de conquistador, alto y bien parecido. Gladys cedió rápidamente ante los encantos de Stanley, haciendo caso omiso de las advertencias de sus compañeras, muchas de ellas también cortejadas por el insaciable galán, quien estaba divorciado y tenía un departamento, donde la nueva pareja de amantes se veía con frecuencia.

Un día de otoño de 1925, Gladys tomó un tranvía hacia el sudoeste de Los Ángeles, hasta un barrio de clase media llamado Hawthorne. Ahí, en un bungalow con terraza, vivía su madre, Della Monroe Grainger, una mujer de cincuenta años, que conservaba en gran parte la belleza que había heredado a la hija. Hacía mucho tiempo que no se veían, las relaciones entre madre e hija se habían deteriorado desde el primer fracaso matrimonial de Gladys; pero ahora ella tenía un motivo para visitar a la madre: anunciarle un nuevo embarazo y pedirle que le permitiera quedarse en su casa hasta tener al hijo, pues estaba sola y no quería recurrir a las amigas.

Pero la madre tenía otros planes y otras necesidades, pues estaba preparándose para ir a vivir a la India, por lo que de hecho había rentado la casa y estaba por desocuparla en breve tiempo.

Aquello era verdad, y da pie para hablar un poco de quien fuera la abuela de Marilyn. Su nombre de soltera era Della Hogan y había nacido en Missouri, pero desde muy pequeña se trasladó al Noreste de los Estados Unidos, donde se casó muy joven con un señor de apellido Monroe, quien padecía de trastornos mentales y tuvo que ser internado en un hospital psiquiátrico. Della se divorció de él y contrajo un nuevo matrimonio con un hombre llamado Grainger. La pareja se instaló en el barrio de Hawthorne desde 1919. Años más tarde, la empresa petrolera en la que trabajaba Grainger lo trasladó a la India, y aparentemente él aprovechó esa circunstancia para huir de un matrimonio, pues cuando Della le pidió dinero para el viaje él se lo negó, pero ella comenzó a hacer ahorros para poder viajar a la India, sin que la detuviera la actitud negativa del esposo o la solicitud de ayuda de la hija.

Gladys no intentó disuadirla ni argumentar con ella, pues conocía bien a su madre, una mujer irascible, de carácter empecinado y súbitos cambios de humor, que necesitaba tener siempre alguien a su lado para tener con quién canalizar su agresividad. Gladys entendió perfectamente la huida del esposo.

Della Monroe cumplió su cometido y salió para la India en diciembre de 1925; su nueva nieta nació el primero de junio de 1926, a las nueve y media de la mañana. Ese mismo año, dos meses después, murió Rodolfo Valentino, como si el destino quisiera que un mito viniera a sustituir a otro. Aquellos eran todavía los tiempos de las películas mudas, siendo las máximas estrellas de este arte figuras como Gloria Swanson, Constance Bennet, Greta Garbo, John Barrymore, Adolphe Menjou, John Gilbert, Charlie Chaplin y Buster Keaton.

El parto tuvo lugar en el Hospital General de Los Ángeles. Nunca se ha aclarado cuál fue realmente el nombre con el que Gladys registró a su hija, pudo haber sido Norma Jean Mortensen o Norma Jean Baker. En todo caso, aquella niña llegaría a ser la espléndida Marilyn Monroe.

2

Una familia alternativa

A pesar de sus obsesiones sentimentales y su viaje a la India, Della Monroe no había dejado tan desamparada a su hija; antes de partir arregló las cosas para que Gladys se fuera a vivir con un matrimonio amigo, los Bolender, quienes vivían en el mismo barrio de Hawthorne; allí se refugió Gladys con su hija de doce días de nacida. Ida y Albert Wayne Bolender, la recibieron amablemente, alojándola en una habitación al fondo de la casa. En realidad, el plan de Gladys había sido hospedarse con su madre para después propiciar que ella se quedara con la hija. Pero cuando ella se marchó a la India y llegó el término de su embarazo, no tuvo más remedio que hacerse cargo de la niña, afortunadamente con la ayuda de los Bolender, pero su condición emocional era sumamente inestable, al grado de que la pareja decidió hacerse cargo lo más posible de la niña, temiendo que la madre pudiera abandonarla en cualquier sitio.

Gladys retomó su trabajo en la Consolidated Films, visitaba a su hija los sábados, y algunas veces se quedaba a dormir; a los Bolender les complacía que los domingos ella llevara a la niña a la iglesia, pues ellos eran muy religiosos. Él era cartero y en sus ratos libres se metía a la pequeña imprenta que tenía instalada en su casa y se dedicaba a imprimir volantes con textos religiosos que repartía gratuitamente junto con la correspondencia.

Pero con el tiempo, las visitas de Gladys se fueron espaciando; la pequeña Norma Jean vivió los trece primeros meses de su vida creyendo que Ida Bolender era su madre, pero ella se encargaba de decirle que su verdadera madre era la mujer del cabello rojo.

Dentro de los primeros recuerdos de Norma Jean está precisamente el cabello rojo de su madre, pues ese cabello ejercía una fuerte fascinación sobre ella, que procuraba tocar ese cabello siempre que podía. Las visitas de Gladys eran todo un acontecimiento para la pequeña Norma Jean, ella las esperaba ansiosamente y disfrutaba en grande cuando su mamá la llevaba a pasear en coche; aunque el apelativo de "mamá" sólo se lo decía en su fuero interno, pues la madre prefería que la llamara Gladys, así que la niña creció con un sensación de confusión, entre dos madres que se negaban a ser consideradas como tales.

Al parecer, Gladys esperaba crearse las condiciones adecuadas para poder llevarse a su hija, lo que significaba el encuentro de un nuevo marido y la estabilidad económica, pero ni lo uno ni lo otro parecían fáciles de conseguir, especialmente debido a sus extrañas actitudes y su impredecible carácter.

Della Monroe Grainger regresó de la India justo a los diez meses de su partida, logró desocupar la casa que había rentado y se reinstaló en ella, para comenzar los trámites de divorcio de Grainger. La abuela se encariñó de inmediato con la pequeña Norma Jean, a la que conoció de cinco meses y a la que iba a ver dos veces por semana. Una vez descubrió a Ida Bolender castigando a la niña por haber cometido una travesura y se indignó tanto que se la llevó a su casa.

Pero el desequilibrio de su mente se encontraba en estado avanzado y ya se hacía evidente para la gente a su alrededor; muchos preferían sacarle la vuelta cuando la veían venir, pues su agresividad había aumentado considerablemente y con frecuencia se producían incidentes desagradables. Una de las más graves situaciones se produjo precisamente en contra de su nieta, y fue para ella tan impresionante que nunca lo pudo olvidar.

Recuerdo que desperté de la siesta luchando desesperadamente por salvar la vida. Algo me oprimía el rostro; luché con todas mis fuerzas...

Al parecer, Della Monroe quiso ahogarla bajo la presión de una almohada, aunque aquello lo hacía en un cierto estado de inconsciencia, por lo que el impulso homicida desapareció tan súbitamente como había aparecido. Marilyn tenía apenas un poco más de un año, pero la impresión fue muy grande y el recuerdo se considera auténtico.

Como consecuencia de esto se procuró que la niña volviera al hogar de los Bolender. Un día, Albert vio a la abuela avanzar amenazadoramente por el jardín de su casa y cerró la puerta con llave. Della se puso a golpear la puerta con los puños mientras gritaba frases incoherentes; aparentemente, reclamaba a su nieta. Era tal el escándalo que los vecinos llamaron a la policía; cuando se presentaron los agentes, Della ya había roto un panel de la puerta y seguía golpeando fúrica. Cuando la condujeron al coche de la policía iba con los ojos vueltos hacia lo alto, como pidiendo ayuda al cielo. De inmediato fue recluida en un sanatorio para enfermos mentales en Norwalk, pero al poco tiempo murió, víctima de un paro cardiaco.

Aunque no se encontraba muy unida a su madre, Gladys resultó muy alterada por su fallecimiento, sobre todo porque tuvo que hacerse cargo de todos los trámites del sepelio, lo que para ella, dada su frágil condición emocional, resultó en extremo desgastante, tanto que a partir de entonces su comportamiento se volvió más extraño.

Della Monroe tenía otro hijo, llamado Marion, quien

veía con más frecuencia a su madre, pero él se desentendió completamente de los problemas derivados del fallecimiento; él era también un hombre de conducta atípica; estaba casado y con tres hijos, pero tenía un carácter tan violento que su esposa no lo podía soportar. Tres años después de la muerte de su madre, él fue ingresado también en un hospital psiquiátrico de donde ya no salió.

Así que Norma Jean se quedó de hospedaje con la familia Bolender; pero ella no era la única huésped, había otro niño, dos meses menor que ella, llamado Lester, quien posteriormente sería adoptado legalmente por la pareja. Resultaba curioso el parecido que Norma y Lester tenían entre sí, por lo que algunas personas comenzaron a llamarlos "los gemelos". Muchos años después, Ida manifestó que, de haberle sido posible, ella hubiese adoptado a los dos niños. Norma Jean siempre llamó a Albert Bolender papá.

> *Era un empleado de correos* —contaba Marilyn—. *Yo me sentaba en el borde de la bañera por la mañana y entonces me dedicaba a hacerle preguntas, como qué dirección era el Este, o el Sur, o cuánta gente había en el mundo. Él era la única persona que respondía a las preguntas que yo hacía... No eran gente mezquina, sólo eran pobres. No tenían mucho que ofrecer a nadie, y no quedaba nada para mí.*

Norma Jean era la más inteligente y rebelde de la pareja de niños, y por ese motivo caían más regaños sobre ella que sobre Lester. En cuanto ambos ya caminaban con soltura, Ida los mandó a la escuela. Cuando Norma se enfermó de la tos ferina, Ida llamó a Gladys y ella se hizo cargo de la niña durante el tiempo que tardó en sanar, incluso dormía con la niña, a la que constantemente le decía que estaba ahorrando para hacerse una casita donde pudieran vivir las dos juntas; al parecer, ya había desistido de la intención de conseguir un hogar por medio de un nuevo matrimonio. Marilyn recordaba que había vivido mucho tiempo pendiente de esa ilusión.

Cuando Norma y Lester fueron matriculados en un centro preescolar llamado Washington, un perro acompañaba a Norma a la escuela y la esperaba hasta salir. Era aquel un perro callejero que había seguido a Albert hasta la casa y que Norma se empeñó en conservar. Lo bautizó con el nombre de Tippy y lo quiso con gran intensidad. Pero un aciago día, un hombre de la vecindad lo mató de un tiro. Norma Jean escuchó el disparo y se estremeció no solamente por el dolor de la pérdida de su compañero, sino por el descubrimiento de la crueldad humana; el vecino no dio más explicación, sino que el perro se había metido en su jardín. El desapego de la madre pareciera parte de esa crueldad; la impresión que producía Gladys era el no querer a su hija, e incluso ella misma tenía sus dudas, pues no se encontraba en un estado de suficiente cordura como para entender y asumir sus propios sentimientos. Pero Norma Jean la quiso mucho y Marilyn Monroe siempre defendió su recuerdo, en especial el primer día que la llamó mamá:

...me miró profundamente. Nunca me había dado un beso, o me había sostenido en sus brazos o me había hablado. Por aquel entonces nada sabía de ella; pero años más tarde me enteré de un buen número de cosas. Ahora, cuando pienso en ella, mi corazón me duele mucho más de lo que me dolía cuando era niña. Me duele por las dos.

Aun necesitada de un afecto que no se le prodigó adecuadamente, Norma Jean, cuando ya era Marilyn Monroe tuvo siempre justificaciones para el proceder de su madre:

Mi madre se casó a los quince años. Antes de nacer yo, ella tuvo dos hijos y trabajó en un estudio cinematográfico como montadora de películas. Un día llegó a casa antes de lo que acostumbraba y se encontró con su joven marido haciendo el amor con otra mujer. Hubo una gran pelea y el marido salió de la casa dando un fuerte portazo.

Mientras mi madre estaba llorando por el fracaso de su matrimonio, el marido se las ingenió para secuestrar a los dos hijos. Mi madre se gastó todos sus ahorros intentando recuperar a los niños. Persiguió a su marido durante largo tiempo. Finalmente los localizó en Kentucky y se desplazó hasta el lugar donde se encontraban.

Estaba hundida y apenas si le quedaban fuerzas cuando vio de nuevo a sus hijos. Vivían en una bonita casa, su padre se había casado de nuevo y se encontraba en una posición acomodada. Se entrevistó con el marido, pero no le pidió nada, ni siquiera besar a los niños que había estado buscando durante tanto tiempo. Al igual que la madre en la película Stella Dallas, se fue, dejando que disfrutaran de una vida más feliz que la que ella les podía dar.

Pero creo que hubo otra razón, además de la de ser pobre, que hizo que mi madre los dejara de esa manera. Cuando vio a sus dos hijos riendo y jugando en una bonita casa, entre gente feliz, debió recordar cuán distinto había sido todo para ella cuando era una niña. Se habían llevado a su padre para que muriera en un hospital psiquiátrico, en Patton; y su abuela también había ingresado en un hospital psiquiátrico, en Norwalk, para morir chillando, loca. Su hermano se había suicidado. Y había otros fantasmas familiares.

En consecuencia, mi madre regresó a Hollywood sin sus dos hijos y volvió a su trabajo de montadora de películas. Yo aún no había nacido.

En octubre de 1933, Gladys se vio con suficiente dinero para pagar el enganche de una casita, no lejos de Hollywood Bowl. Entonces adquirió unos muebles en una subasta pública, entre los que había un piano.

...no estaba en buenas condiciones —contaba Marilyn—, *mi madre lo había comprado de segunda mano. Pero era pa-*

ra mí, yo iba a tomar lecciones de piano. Era un instrumento imponente, a pesar de haber recibido varios golpes; había pertenecido al actor de cine Frederich March.

—Tocarás el piano aquí, frente a las ventanas —dijo mi madre—; y allí, a cada lado de la chimenea, pondremos un sofá para dos personas. Nos sentaremos todos para escucharte. Tan pronto como haya pagado algunas cosas compraré los sofás; nos sentaremos ahí por las noches y escucharemos cómo tocas el piano.

Madre e hija compartían la casa con un matrimonio inglés, de unos sesenta años, a quienes Gladys les había alquilado una buena parte de la casa, reservando dos habitaciones, una para Norma Jean y otra para ella. La esposa del inglés era "extra" de cine y el marido actuaba regularmente como doble del famoso actor George Arliss. Tenían una hija que más tarde actuaría como doble de Madelein Carroll.

Así comenzó Norma Jean a tener cierta proximidad con las cosas del teatro y del cine, lo que se hizo más intenso cuando, los sábados, le daban diez centavos para que asistiera a las funciones del Grauman Egyptian Theater, donde, entre otras, se exhibían cintas de Cecil B. De Mille y de Claudette Colbert. Esas películas le entusiasmaban tanto a la niña que se quedaba a verlas dos y hasta tres veces.

Podría pensarse que ahora, con habitación propia, y viviendo con su madre bajo un mismo techo, Norma Jean era muy feliz; sin embargo no era así, pues sentía el vacío de sus padres sustitutos y sobre todo de Lester, quien era como su hermano; además de que Gladys no era muy efusiva con su hija, y su inestabilidad emocional producía confusos sentimientos en la niña, quien, básicamente amaba a su madre, pero no podía entenderla.

Gladys seguía saliendo con hombres todos los sábados, pues aparentemente no cejaba en su empeño de encontrar un nuevo marido. El resto de la semana lo pasaba trabajan-

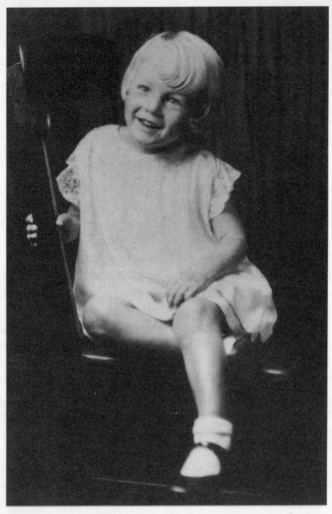

Así lucía la bella Norma Jean a la edad de seis años cuando se fue a vivir con su madre.

do, por lo que Norma Jean se sentía sola, y la presencia de su madre no siempre era reconfortante, pues para esa época ya se presentaban con mayor frecuencia los episodios de histeria.

Una mañana, la pareja de ingleses y yo estábamos desayunando en la cocina. Era muy temprano, repentinamente se oyó un estruendo terrible en la cocina.

— Parece que está cayendo algo por las escaleras — dije.

La mujer me agarró para que no pudiera ir a verlo. Su marido salió y después de un cierto tiempo entró de nuevo en la cocina.

— He avisado a la policía y a una ambulancia — dijo.

Yo pregunté si se trataba de mi madre.

— Sí — dijo el hombre —, pero no puedes verla ahora.

Permanecí en la cocina y oí entrar gente intentando llevarse a mi madre. Nadie quería que yo la viera. Todos me decían:

Sólo tienes que quedarte en la cocina como una niña buena. Ella está bien. No es nada serio.

Pero salí y miré en el recibidor; mi madre estaba de pie, pero estaba descompuesta, chillaba y reía al mismo tiempo. Se la llevaron al hospital psiquiátrico de Norwalk. A mí me parecía haber oído de una manera vaga el nombre del hospital. Era el lugar a donde habían llevado al padre y a la abuela de mi madre cuando habían empezado a reír y a chillar como ella.

Entonces comenzaron a desaparecer todos los muebles. La mesa blanca, las sillas y las cortinas blancas se esfumaron, así como el gran piano.

También desapareció la pareja de ingleses y a mí me trasladaron de la casa recién pintada a un orfanato, donde me pusieron un vestido azul, un cinturón blanco y zapatos de suelas pesadas. Durante mucho tiempo, cuando estaba tendida en la cama, no podía crear fantasías de ninguna especie, como las que antes lograba construir para escaparme de la penosa realidad. Ahora seguía escuchando todo el tiempo el terrible estruendo de la escalera y a mi madre chillando y riendo cuando intentaban sacarla de casa, de aquella casa que había logrado conseguir para mí.

Nunca he olvidado la casa pintada de blanco ni sus mue-
bles. Años después, cuando empecé a ganar dinero posando
para fotógrafos, me puse a buscar el piano de Frederich March,
y aproximadamente al cabo de un año, lo encontré en una
vieja tienda de subastas y por supuesto lo compré.

En algunos detalles, no son exactos los recuerdos de
Marilyn, por ejemplo la fecha de ingreso al orfanato. No se
convirtió de inmediato en una huérfana a cargo de las autoridades, sino que vivió todavía un par de meses en la
casa blanca, a cargo de los ingleses, pues éstos siguieron
recibiendo algún dinero para su sostenimiento. Ese dinero
procedía de un fondo extra que tenía Gladys Baker, quien,
en 1929, se había quedado sin empleo al incendiarse el la-
boratorio donde trabajaba. Vivió unos meses de sus ahorros y finalmente encontró otro trabajo, de cortadora de
películas en los talleres de la Columbia Pictures. Ahí conoció a Grace McKee, quien llegaría a ser una excelente amiga para ella. Entre otros muchos favores, Gladys le hubo
de agradecer que ella le consiguiera tres semanas de permiso que necesitó cuando cuidó a Norma Jeane por la tos
ferina. La empresa siguió abonando el sueldo de Gladys durante unas semanas, entregándoselo a Grace para que lo
administrara, y ella era la que pasaba al matrimonio inglés
los veinticinco dólares de la mensualidad. Pero finalmente la Columbia dejó de pagar ese sueldo supernumerario y
Grace indicó a los ingleses que vendieran los muebles para
ir pagando las mensualidades de la casa y los servicios mí-
nimos, mientras se evaluaba la verdadera condición de Gladys. Pero finalmente el banco incautó la casa, y los ingleses,
con Norma Jean, se trasladaron a un nuevo hogar. Grace
siguió enviando algún dinero para el sostenimiento de la
niña, pero ahora procedía de la beneficencia pública.
Así que Norma Jean estuvo viviendo con el matrimonio inglés alrededor de un año, hasta que el marido se quedó

sin trabajo y decidieron regresar a Inglaterra, por lo que Norma Jean fue acogida por unos vecinos.

Así que, una vez más, la niña fue a vivir con desconocidos; se trataba del matrimonio Griffen, quienes se encariñaron tanto con ella que quisieron adoptarla, pero debían actuar con rapidez, pues pronto tendrían que trasladarse a Mississippi. En el caso de que Gladys se negara a la adopción por parte de los Griffen, había otra familia de California dispuesta a aceptarla; pero la madre se negó a las dos posibilidades de adopción, por lo que no quedó más remedio que mandar a Norma Jean a un orfelinato, que fue el *Los Angeles Orphan's Home Society*. Marilyn recuerda que ella se negaba a entrar, pues al leer el nombre del lugar, se puso a llorar, alegando que ella no era una huérfana. En ese momento ya tenía nueve años de edad.

3

En el orfanato

Las primeras semanas en el orfanato fueron de gran tristeza y desconcierto, pues ella pensaba que se había cometido un error. Ante la insistencia de las cuidadoras para procurar su resignación a quedarse en el hogar, Norma Jean pensó que su madre había muerto. Entonces se sintió realmente sola y perdida. Nunca había sido una niña muy querida, pero en el orfanato se precipitó en un abismo de soledad que no había experimentado nunca en su corta vida. Casi dos años de estancia en esa institución crearon en ella un hueco de amor que aparentemente nunca pudo llenar en el resto de su vida. La única con quien contaba en aquel tiempo era Grace McKee.

...se convirtió en mi mejor amiga. Fue la primera persona que pasó la mano por mi cabeza o me acarició la mejilla. Eso ocurrió cuando yo tenía ocho años. Todavía puedo recordar con emoción la sensación de su mano suave acariciándome. La vida para la tía Grace era casi tan dura como para mi madre. Parecía que todo le salía mal. La mala suerte y la muerte eran sus únicos visitantes. Pero no había amargura en mi tía. Su corazón seguía tierno y creía en Dios. Casi todos me hablaban de Dios y siempre me advertían que no debía ofenderlo; pero cuando Grace me hablaba de Dios, me acariciaba la mejilla y decía que Dios me quería y cuidaba de mí. Recordando

lo que Grace me había dicho, me metía en la cama llorando en
silencio. El único que me quería y cuidaba era alguien a quien
no podía ver ni tocar. Solía dibujar a Dios siempre que podía.
En mis dibujos, Dios se parecía siempre un poco a la tía Gra-
ce y otro poco a Clark Gable.

La directora del orfanato aseguraba que constituían una
gran familia, que las niñas eran atendidas y amadas lo más
posible; pero para Norma Jean eso "más posible" se quedaba demasiado corto. Dormía con otras veintiséis niñas,
en esa habitación había una "cama de honor", que era des-
tinada mensualmente a la niña más destacada en los estudios y en conducta. Todas se afanaban para conseguirla, y
Norma Jean, al principio, también participaba en la com-
petencia, pero pronto desistió de ello, pues se dio cuenta
de que ella no estaba hecha para la obediencia absoluta.

Grace McKee la visitaba casi todos los sábados y la sa-
caba a pasear, de compras o al cine. Uno de esos días, Norma Jean, que ya tenía diez años, contemplaba cómo la tía
Grace se pintaba los labios; al ver la admiración de la niña, Grace le pintó también los labios; pero no sólo eso, sino
que esa misma tarde la llevó a un salón de belleza para que
la peinaran. Cuando se vio en el espejo, Norma Jean vio
por primera vez la imagen de Marilyn Monroe, con sus labios de un rojo intenso y su cabellera rubia maravillosa-
mente ondulada. Esa operación de embellecimiento
prematuro se realizaba todos los sábados; pero cada vez el
regreso al orfanato se volvía más triste. Grace decía que
pronto la sacaría de ese lugar, y ése era en verdad su propósito. En esos tiempos ella mantenía relaciones con un
hombre diez años más joven que ella, llamado Erwin Goddard, quien estaba divorciado y con dos hijas y un hijo.
Una de las niñas se hizo muy amiga de Norma Jean, desde
un día en que Grace la llevó de visita a casa de Erwin; a
Norma Jean le gustó tanto la familia que comenzó a fanta-
sear en que, al casarse Grace con Erwin, podrían llevarla a

vivir con ellos. Pero las cosas no ocurrieron de esa manera, y en vez de ello, la niña fue entregada, en un programa de padres sustitutos, a un matrimonio ya viejo que se dedicaba a vender barnices de pueblo en pueblo, viajando en un viejo Chevrolet. Tanto Grace como la directora del orfanato pensaban que era buena idea que Norma Jean tuviera esos padres sustitutos, y que dado su carácter se sentiría a gusto viajando constantemente; pero para ella esa vida seminómada resultaba intolerable.

Poco tiempo después, Grace contrajo matrimonio con Erwin y se fue a vivir con él, pero en ningún momento promovió que Norma Jean se fuera a vivir con ellos, y en vez de eso fue entregada a otro matrimonio; pero la niña se sintió tan desdichada con ellos que ella misma pidió que la regresaran al orfelinato. Finalmente Grace se sintió apenada por la situación de Norma Jean y, de acuerdo con su esposo, se llevó a Norma Jean a vivir con ellos, lo que ocurrió a principios de 1938; se le destinó el dormitorio de Beebe, la hija con la que había hecho buena amistad, y en febrero la ingresaron en la Emerson Junior High School.

Norma Jean y Beebe se entendieron perfectamente. Ambas coleccionaban fotos de actores y tenían cada una su propio álbum, descubriendo que admiraban a las mismas estrellas. Grace había sido nombrada tutora de Norma Jean, quien había mejorado notablemente en su conducta y parecía muy satisfecha con su nueva vida; pero el cambio era meramente superficial.

Al cumplir más años supe que era distinta de las otras niñas, porque no había ni besos ni promesas en mi vida. A menudo me sentía sola y deseaba morir. Intentaba animarme con fantasías. Nunca llegué a soñar que alguien me quería como querían a las otras niñas. Esto era demasiado para mi imaginación. En mis fantasías diurnas sólo llegué a imaginar que atraía la atención de alguien (además de Dios), que alguien me miraba y decía mi nombre.

Este deseo de atención creo que tenía que ver con los problemas que tenía en la iglesia los domingos. Tan pronto como me encontraba en mi reclinatorio, con el órgano tocando y todo el mundo cantando un himno, aparecía en mí el impulso de quitarme toda la ropa. Deseaba ardientemente permanecer de pie, desnuda, para Dios, y que todo el mundo me viera. Tenía que apretar los dientes y sentarme encima de mis manos para evitar desnudarme. En algunas ocasiones me ponía a rezar mucho y pedía a Dios que no me dejara quitarme la ropa.

En realidad, esos impulsos no creaban en Norma Jean un sentimiento de culpa. Ella sentía que al verla desnuda, la gente se fijaría en ella, que todos voltearían a verla, mirando su persona y no el vestido azul deslavado que llevaba todos los domingos, y el resto de la ropa que traía, pues toda su presencia daba la idea de pobreza y eso la lastimaba profundamente. Deseaba estar desnuda pues así era como las otras niñas, ya no estaría marcada por el denigrante uniforme del internado.

Mi vestido nunca variaba, consistía en una falda azul y una blusa blanca; tenía un par de cada prenda, pero como eran exactamente iguales, todos me veían siempre con la misma ropa. Eso era lo que más me molestaba del contacto con la gente, el hecho de que siempre me vieran con las mismas prendas.

Cada segunda semana del mes, el orfanato enviaba una inspectora para supervisar mi estancia con mi nueva familia. Ella nunca me preguntaba nada, sólo me levantaba los pies para observar las suelas de mis zapatos, y si no veía agujeros demasiado grandes, informaba que me encontraba en una próspera situación.

Por aquellos tiempos, Norma Jean ya se había convertido en una muchacha atractiva. A sus doce años, aparentaba diecisiete... *Mi cuerpo se había desarrollado y tenía formas, pero nadie más que yo lo sabía. Todavía vestía con la falda azul y la blusa que daba el orfanato.*

En cierta ocasión, un zapatero la detuvo en la calle, frente a su comercio, y le preguntó cómo se llamaba; quería saber su nombre y su apellido; pero ella solamente le dijo su nombre.

Eres una niña muy extraña —le dijo el zapatero—. *Te veo pasar a diario y no te he visto sonreír nunca. Así no llegarás a ningún lado.*

Cierto día, viendo sus dos blusas descosidas y necesitando urgentemente algo que vestir para no llegar tarde al colegio, Norma Jean pidió algo a Beebe y ella le prestó un jersey... *tenía mi edad, pero era menos corpulenta. Al entrar en clase todo mundo me miró como si me hubieran salido dos cabezas... y en realidad ése era el caso, sólo que las dos protuberancias se notaban perfectamente bajo el jersey, que me quedaba entallado... Yo sabía que tenía pechos formados, pero no se me ocurrió que pudieran causar aquella reacción entre los muchachos.*

Al día siguiente, el zapatero le dijo: *Veo que has seguido mis consejos; ya verás cómo te van mejor las cosas si sonríes a la gente.*

Todo pareció cambiar para Norma Jean... *Las chicas que tenían hermanos comenzaron a invitarme a sus casas... Siempre había cuatro o cinco muchachos merodeando por la mía.*

Yo no era consciente de que hubiera algo sexual en este nuevo afecto hacia mí, y tampoco había pensamientos acerca del sexo en mi mente. Yo no pensaba que mi cuerpo tuviera nada que ver con el sexo. Aquello era como un amigo que hubiera aparecido misteriosamente en mi vida, una especie de amigo mágico. Una mañana, me planté frente al espejo y me puse bilé en los labios, oscurecí mis rubias cejas. No tenía dinero para vestidos y no tenía más que mis uniformes de huérfana y el jersey prestado. *El rojo de labios y el maquillaje eran como vestidos para mí, vi que mi aspecto mejoraba, como si me hubiera puesto un vestido de verdad.*

Mi llegada al colegio con los labios pintados, las cejas ensombrecidas y el jersey mágico, despertó murmullos en todo el mundo. No todos los murmullos eran favorables. Chicas de todas las clases, no sólo las de trece años, sino las mayores, decidieron ser mis enemigas. Contaron a todo el que quisiera escucharlas que yo era una borracha y me pasaba las noches acostándome con muchachos en la playa.

Todos esos comentarios eran mentira. Yo no bebía ni permitía que los muchachos se propasaran conmigo. Pero no podía molestarme con las que fabricaban los escándalos. Eran chicas que me tenían celos y estaban muy asustadas por la posibilidad de perder a sus novios, pues yo era muy atractiva. Ya no se trataba de fantasías para borrar las horas de soledad... ¡eran realidades!

En cierta ocasión, uno de los muchachos invitó a Norma Jean a nadar en la playa y ella tomó el traje de baño de Beebe, que, por supuesto, le quedaba muy estrecho.

No me había figurado que la mitad de la población femenina de Los Ángeles estaría exhibiéndose en la arena de la playa sin llevar casi nada puesto; yo pensaba que sería la única... Casi llegué al agua y después caminé por la playa. Entonces sucedió lo mismo que había pasado en el colegio, pero en mayor escala. Los jóvenes me silbaron; algunos se pusieron de pie y avanzaron para tener una visión mejor. Incluso las mujeres se quedaban inmóviles cuando me acercaba.

No presté atención a los silbidos ni a las exclamaciones; en realidad no los oía. Me invadía un extraño sentimiento, como si fuera dos personas al mismo tiempo. Una era la Norma Jean del orfanato, que no pertenecía a nadie. La otra era alguien cuyo nombre no sabía. Pero sabía a quién pertenecía; pertenecía al océano, al horizonte y al mundo entero.

A Norma Jean le asombraba que los hombres reaccionaran de esa manera ante su presencia, y muchos se dedicaban a cortejarla... *como si fuera el único miembro de mi sexo en el barrio... Me hubiera gustado querer algo tanto como ellos querían aquello. Yo no quería nada. Yo era tan poco sensual como un fósil... Algunos decían que se debía a la manera de mirarlos, y pensaban que era con ojos llenos de pasión. Otros decían que era mi voz lo que les atraía. Y otros decían que yo les producía extrañas vibraciones. Yo no sólo no sentía ninguna pasión en mi interior, sino que ni siquiera sabía a qué se referían. Dejé que uno me besara para ver si yo encontraba algo interesante en aquello, pero no sentí nada.*

No lejos de la casa de los Goddard, en la avenida Odessa, vivía una tía de Grace, llamada Ana. Norma Jean la visitaba con frecuencia y la llegaría a "adorar", según sus propias palabras. Sus relaciones fueron muy estrechas y durarían más de diez años, esa sería la relación más larga que tuvo en su vida, incluyendo su matrimonio con Arthur Miller.

Ana Lower era una mujer liberal, pero profundamente religiosa, y ella inició a la muchacha en la religión de los Cristianos Científicos, regalándole un libro de Mary Baker Eddy, titulado *Ciencia y salud*, que Norma Jean guardó muchos años. Aunque una de sus máximas pasiones seguía siendo el cine, al que asistía regularmente todos los sábados. De aquella época le entusiasmaron particularmente dos películas: *Jezabel*, protagonizada por uno de los "monstruos sagrados" de Hollywood: Bette Davis, y *María Antonieta*, con la gran actriz Norma Shearer. En este mundo de ficción, Norma Jean encontraba, como todas las muchachas solitarias, una perfecta evasión y una realización simbólica de sus mitos personales. No hay duda de que en esos tiempos le nació el deseo de ser actriz; aunque en su caso no era el dinero y la fama, sino el reforzamiento en grado extremo de su deseo de exhibirse y ser el centro de atención de la gente. Para Norma Jean, el hecho de ser vista era una magnífica compensación del amor del que había carecido.

En la intimidad de su dormitorio ensayaba interpretaciones artísticas, imitando a sus actores favoritos, tanto masculinos como femeninos, tratando de imitar una a una las escenas de la última película vista, que bien podía haber sido la misma durante varios sábados.

En junio de 1940, cumplió catorce años. Gozaba de una espléndida salud, cuidaba muy bien su régimen alimenticio y su cutis; por aquellos tiempos llegaba a lavarse la cara hasta quince veces al día. Los cabellos se los rizaban Grace y Ana. Había llegado ya a su altura definitiva: un metro sesenta y siete centímetros.

4

Un matrimonio adolescente

etrás de la casa de los Goddard vivía la familia Dougherty, uno de cuyos hijos, Jim, era un muchacho de dieciocho años, muy apuesto. Naturalmente se hicieron amigos. En algún momento, Grace concibió la idea de casar a Norma Jean con Jim, lo que consideraba una operación muy ventajosa para todos, especialmente para ella misma, que de esa manera dejaba de tener la responsabilidad de Norma Jean. Grace siempre negó que ella alentara esa boda; pero Marilyn cita en sus *Memorias* una conversación:

> — *Deberías casarte* — me dijo.
> — *Soy demasiado joven* — le dije. *Sólo contaba quince años.*
> — *No lo creo* — dijo tía Grace, riéndose.
> — *Pero nadie quiere casarse conmigo* — le dije.
> — *Sí, hay alguien* — me dijo.
> — *¿Quién?* — le pregunté.
> — *Jim* — dijo mi tía.

Cuando los Goddard se fueron a vivir a casa de la tía Ana, en Odessa Avenue — pues su dueña se había comprado una más grande—, el colegio de las chicas quedaba ahora más lejos, entonces Grace apuntó una solución para evitarles la larga caminata: del colegio se irían a la casa de los Dougherty, donde esperarían que regresara Jim de su trabajo para que las llevara en su coche a la nueva casa. Jim era un muchacho sencillo y no sospechó ninguna doble intención en la propuesta de Grace, y tampoco Norma Jean sospechó nada. Más tarde hubieron invitaciones a fiestas y otros eventos en los que los muchachos tuvieron oportunidad de convivir.

Grace había interesado en el proyecto a la tía Ana y entre ambas lograron entusiasmar a la madre de Jim. Además, hubo una presión adicional sobre los ingenuos jóvenes, y ésta procedió del hecho de que los Goddard debían mudarse, pues el marido de Grace había sido ascendido en la empresa donde trabajaba y tendrían que ir a residir a Virginia, lo que implicaba la pérdida de la pensión que el Estado de California otorgaba a Norma Jean. El matrimonio con Jim lo arreglaba todo. Norma Jean entendió aquella situación y se dejó llevar, sin conceder completamente, pero sin oponer resistencia.

Finalmente, Grace se salió con la suya y hubo boda. Un amigo de los Dougherty ofreció su casa para la ceremonia. Disponía de una escalera en espiral que arrancaba del vestíbulo y que se prestaba par un descenso espectacular de Norma Jean, vestida de blanco y en medio de los acordes de la marcha nupcial. Actuarían de padrinos un hermano de Jim, Marion, y la tía Ana Lower. Los Goddard, ya en Virginia, no pudieron asistir a la boda. Sin embargo, sí lo hicieron los Bolender, pues Norma Jean había puesto un gran empeño en que se les invitara.

En cuanto a Gladys, la madre de la novia, ahora vivía en San Francisco. Habiendo sido dada de alta del hospital de Norwalk, pocos meses después sufrió una recaída y en aquellos momentos se encontraba recluida en una institución psiquiátrica de Bay Area. Norma Jean no lamentó mucho su ausencia.

Fue así como la futura Marilyn Monroe se casó el 19 de mayo de 1942, contando sólo con dieciséis años de edad. El vestido de boda se lo regaló la tía Ana. Jim lucía un traje de etiqueta alquilado. La boda fue muy sencilla, no asistieron a ella más de unos veinte invitados.

La primera boda que había visto Norma Jean fue la suya y quedó bastante impresionada. No hubo viaje de bodas, y después de un banquete en un restaurante, la pareja salió bajo una lluvia de arroz hacia su nuevo hogar, en Sherman Oaks.

El pequeño departamento que había alquilado Jim no tenía más que un sólo dormitorio, un cuarto de estar, cocina y baño, pero a Norma Jean le pareció magnífico. Pasaron el fin de semana en el lago Sherwood, pescando. Sin darse cuenta, Norma Jean habría de tapar con bromas y una forzada felicidad un sentimiento de carencia de identidad que en aquellos momentos comenzaba a manifestarse y que ya nunca la abandonaría.

Me casé con Jim Dougherty.

Era como si me hubieran enjaulado en un zoológico.

El primer efecto que tuvo el matrimonio sobre mi persona fue el aumentar mi falta de interés por el sexo. A mi marido, o no le importaba o no se daba cuenta. Ambos éramos demasiado jóvenes para discutir abiertamente un tema tan embarazoso.

En realidad nuestro matrimonio fue una especie de amistad con privilegios sexuales. Más tarde descubrí que los matrimonios con frecuencia no son más que eso, y que los maridos, básicamente, resultan bien como amantes sólo cuando engañan a sus esposas.

Mi matrimonio no me procuró felicidad ni sufrimiento. Con mi marido apenas hablaba. No se debía a que estuviéramos enojados, simplemente no teníamos nada que decirnos. Yo he visto muchas parejas de casados que se comportan como lo hacíamos Jim y yo. Generalmente son los matrimonios más estables, los que se parapetan en el silencio.

Lo más importante que conseguí con mi matrimonio fue

acabar para siempre con mi condición de huérfana. Estoy agradecida a Jim por ello, él fue quien me rescató de mi falda azul y mi blusa blanca.

A pesar de todo, Norma Jean se convirtió en un ama de casa ideal. El esposo encontraba todas las cosas a punto, y ella llenaba de alegría el hogar. El mayor problema para Norma Jean era el largo y aburrido tiempo de los días de la semana que pasaba sola en casa, sin mayor actividad que los escasos menesteres de cocina y limpieza. Con frecuencia tomaba el autobús para ir a visitar a Ana y de esa manera contrarrestar un poco la tendencia melancólica que ya por aquellas épocas comenzaba a manifestarse y que con frecuencia se convertía en verdaderos estados depresivos. Cuando el esposo se dio cuenta de estas depresiones, buscó para ella una casa más amplia y la encontró en Van Nuys. Aquella casa disponía de una bañera y Norma Jean encontró en ella una cura para su abatimiento; se pasaba horas sumergida en el agua tibia.

Al poco tiempo, Jim proporcionó a su esposa una casa mejor, la que dejaron sus padres en Archwood Street, cuando se mudaron a otro barrio. Aquella casa tenía un gran porche, tres dormitorios y una amplia sala de estar. La joven esposa se entregó a ella con toda su ilusión de ama de casa y se dedicaba a limpiarla y arreglarla minuciosamente, lo que por lo menos la mantenía ocupada.

Cuando Jim le regaló un perrito *collie*, Norma Jean sintió que se le llenaba ese vacío emocional que la mantenía siempre en un estado de insatisfacción. Le puso por nombre "Muggsie" y lo cuidaba con esmero, incluso lo bañaba dos veces por semana.

Cuando Jim tenía veintidós años, consiguió un puesto de instructor de gimnasia en el Servicio Marítimo, en Santa Catalina, y el matrimonio se trasladó a la isla, con Muggsie. Se instalaron en un departamento grande, con dos dormitorios, desde el que se veía el mar.

La estancia en Santa Catalina fue el mejor momento del matrimonio. Norma Jean pasaba las ausencias de Jim paseando con el perrito por aquella comunidad en la que predominaban los hombres, quienes, como siempre, se fijaban insistentemente en la fascinante muchacha. Ella no hacía nada para que esto no ocurriera, por el contrario, se vestía y actuaba de un modo que llamaba la atención a los hombres; aunque para ella eso no era provocador, era lo mismo que le pasaba en la iglesia, cuando hubiera querido desnudarse delante de todos: necesitaba demostrar su existencia, captar la atención de los demás.

Aunque Jim confiaba ciegamente en su esposa, no dejaban de molestarle algunas actitudes de ella. Una noche de sábado fueron a un baile y Norma Jean llevaba un vestido muy ceñido. Jim observó que la mayoría de los hombres presentes parecían olvidarse de sus parejas para mirar a su esposa de un modo que no podía ocultar el deseo. Jim no pudo soportar aquello y prefirió que se retiraran, lo que causó un problema de pareja.

Pero él la conocía bien y la aceptaba como era, comprendiendo que la sexualidad de su esposa en realidad estaba muy inhibida y que aquellas compensaciones de exhibicionismo tenían un origen más emocional que erótico. Por otro lado, él se sentía plenamente amado cuando ella le decía que no podría soportar la vida sin él.

Cualquier mujer se hubiera sentido colmada con un marido como Jim, buen amante y buen compañero. Un marido que era para ella como un confesor y un gran apoyo en sus altibajos emocionales. Ella no volvería a encontrar un hombre más propicio para subsanar sus trastornos de personalidad. Pero el vacío de Norma Jean no pudo ser llenado por nada ni por nadie.

Un día, a comienzos de 1944, Jim Dougherty confesó a su esposa que su conciencia lo llamaba a defender a su país en la lucha que sostenía contra alemanes y japoneses. Cuando partió en la fragata Julia S. DuMont, con rumbo a Australia, Norma Jean, según lo había acordado con él, marchó a vivir a casa de sus suegros, en Hermitage Street, y al poco tiempo de estar con ellos encontró un trabajo en un taller de paracaídas. Su trabajo consistía en plegar y empaquetar las telas de los paracaídas, pero éstos no eran para los soldados, sino para los aviones que se utilizaban como blanco, pues así, en vez de estrellarse y perderse, eran rescatados en las mejores condiciones posibles.

En aquellos tiempos de soledad reanudó sus relaciones con la tía Ana, quien llegó a ser para ella realmente insustituible. Se llevaba muy bien con Ethel Dougherty, la madre de Jim, y con Marion, con los que con frecuencia jugaba póquer. Como Norma Jean era astuta en el juego, generalmente ganaba, aunque eran apenas unos centavos que ella guardaba en una alcancía especial.

Cuando se cansó de la monótona tarea de doblar los paracaídas, pidió que la destinaran a la sala de la "pasta", donde su trabajo consistía en rociar con plástico líquido la tela empleada para construir el fuselaje de los aviones. Se entregó con tanta dedicación a su trabajo, que mereció un certificado "E", que significaba "excelencia en el trabajo". La entrega de estos certificados tenía cierta solemnidad, pues se hacía en una ceremonia especial en la misma fábrica, y los que ganaban esta clase de certificados eran apreciados por los jefes y, por supuesto, odiados por sus compañeros. Norma Jean no fue una excepción a esta regla, las hostilidades no se hicieron esperar; al día siguiente de la ceremonia, una compañera la empujó premeditadamente y la hizo derramar la pasta. Norma Jean, que ya había decidido dejar ese trabajo, pensó que era tiempo de realizar su propósito.

Y entonces ocurrió el principio del gran cambio de Norma Jean, que la llevaría a convertirse en un mito viviente. Un día apareció en la sala de trabajo un tal Davis Conover, quien era un fotógrafo del ejército en busca de buenas fotografías de mujeres que trabajaban en la industria bélica; esas fotografías estaban destinadas a publicarse en la revista *Yank*. Al ver a Norma Jean entendió que no podría encontrar nada mejor. Estuvo trabajando con ella durante tres días, en todos los lugares de la fábrica y en todas las poses. Norma Jean asumió la experiencia con la mayor naturalidad, como si se incorporara a un mundo esperado, al que tenía legítimo derecho. No necesitó que el fotógrafo le dijera que lo hacía muy bien, pues ella lo sabía perfectamente. Situarse ante la cámara era como dejarse ver de los hombres en la calle, cuando ella hacía todo lo posible por llamar la atención. Se sabía dotada de un cuerpo y unos movimientos que paralizaban a los hombres y todo era cosa de poner en ejercicio sus cualidades. No había malicia en ello, era sensualidad y erotismo, pero desprovisto del elemento sexual. Ella, la eterna solitaria, la eterna no amada, necesitaba lanzar al mundo un fuerte llamado de atención, afirmar su presencia de una manera sensacionalista.

Conover quedó tan impresionado con la modelo que la recomendó con su amigo Potter Hewet, quien le hizo un estudio de fotos en color para mostrárselas a Emmeline Snively, directora de la agencia de modelos *Blue Book*, la cuál escribió a Norma Jean recomendándole que siguiera su curso de modelaje y dejara la fábrica. Ella le hizo caso, pidió permiso en el trabajo y la visitó en el hotel Ambassador. Lo primero que hizo Emmeline fue conseguirle un empleo, de modo que pudiera dejar la fábrica.

La *Holga Steel* iba a montar una exposición industrial y necesitaban muchachas guapas como edecanes. Norma Jean se entrevistó con uno de los agentes de ventas y de inmediato fue contratada por un periodo de diez días, por los que recibiría cien dólares, lo que en aquellos tiempos era una buena cantidad. Pero ella no renunció a la fábrica, sino que alegó enfermedad, con lo que siguió cobrando también allá, pues quería disponer de los cien dólares para pagar la matrícula del curso de modelaje.

El escenario de la exposición internacional era el Pan

Pacific Auditorium, y el *stand* de Holga Steel era el más concurrido por los hombres que preguntaban precios, atraídos por la bella edecán, quien los recibía con una sonrisa. Muchos la asediaban con demasiada insistencia y ella tuvo que aprender a sacudírselos con elegancia y delicadeza.

Pero como aquello tuvo su término, Norma Jean se vio en la necesidad de regresar a la fábrica; pero Emmeline la consoló diciéndole que antes de seis meses la sacaría de la fábrica.

La familia de Jim no mostró excesivo entusiasmo ante el nuevo rumbo que parecía tomar la vida de Norma Jean. La señora Dougherty le aconsejó que escribiera a Jim para preguntarle su opinión; pero Norma no lo hizo, y eso causó una cierta tensión en las relaciones con la familia.

Así comenzó una vida más intensa para Norma Jean. Salía de casa muy de mañana y regresaba ya tarde por la noche, pues por entonces trabajaba ocho horas en la fábrica y después se trasladaba a Hollywood a tomar sus clases de modelaje. La gran víctima de este horario era el perrito Muggsie, quien perdió las atenciones de su dueña. El perrito murió un año después, y Jim aseguraba que murió de tristeza.

Cuando Jim regresó de la guerra, Norma Jean vivía con Ana Lower. Se hallaba en pleno viaje en el momento en que caía sobre Hiroshima la terrible bomba: era el 6 de agosto de 1945. Desde Nueva York Jim telefoneó a Ana pidiéndole noticias de Norma Jean.

— *No sé por dónde anda... no viene mucho a casa* —. Fue la respuesta.

Aquello no fue nada agradable para Jim, quien ya tenía algunas noticias, que la propia Norma le había escrito, respecto del nuevo trabajo y de su actual estilo de vida. En cuanto obtuvo permiso viajó a Los Ángeles. Norma Jean lo recibió con entusiasmo, se le sentó en las rodillas y lo besó largamente frente a la tía Ana. Jim tenía la penosa impresión de que se le habían ocultado muchas cosas. Descubrió muchas facturas sin pagar de ropa que Norma había comprado.

— *¿Es que el gobierno no te envía el dinero?* — preguntó.
— *Sí, pero inmediatamente se me va —*, respondió ella.

Y le explicó que esas compras eran en verdad imprescindibles para su nuevo trabajo. Jim tuvo la certeza de que algo se estaba derrumbando a su alrededor. Su regreso no estaba resultando como él lo había imaginado; llevaba en su bolsillo trescientos dólares, ahorrados con sacrificios, que había soñado gastar con Norma Jean para pasar unas deliciosas vacaciones. Entonces los extrajo de su bolsillo y se los entregó a Norma Jean.

— *Para tus vestidos —*, le dijo.
— *Algún día te pagaré esto que haces* —le dijo con lágrimas en los ojos—, *no sé cómo, pero te lo pagaré.*

Aquella promesa expresaba ya un alejamiento, no era el lenguaje de una pareja. Jim tenía cada vez más certeza de que había perdido a Norma; su propia familia así lo había entendido cuando Norma Jean había decidido irse a vivir con Ana Lower. El gran dolor de Jim provenía de que amaba profundamente a su esposa y de lo mucho que la había extrañado durante su ausencia. Comprendía que no se había casado enamorado, que el amor había aparecido después; pero también comprendía que ella no había estado enamorada antes ni lo estaba ahora.

Sin embargo, Norma Jean sí creía estar enamorada de Jim. Sus cartas así lo demostraban. Pero seguramente se equivocaba. Norma Jean no había dudado en elegir la aventura de una nueva carrera, llena de promesas maravillosas, dejando a su esposo al margen. Al terminar su licencia, Jim regresó a Nueva York con un gran dolor en su corazón.

Norma contrajo nupcias con Jim Dougherty el 19 de junio de 1942,
tan sólo contaba con dieciséis años de edad.

5

Gestación y nacimiento de Marilyn Monroe

Norma Jean había prometido visitar a su madre cuando Jim se marchara. Para entonces Gladys había sido dada de alta por los médicos una vez más; pero necesitaba un domicilio fijo para que la dejaran salir. Norma Jean alquiló un departamento de dos habitaciones situado bajo el de la tía Ana, que había quedado vacío, y ahí llevó a su madre, con el ánimo de que vivieran juntas. Con el paso del tiempo, las dos mujeres tenían menos en común. Al descender del autobús, Gladys apenas había reconocido a su hija, pues hacía mucho tiempo que no la veía y ahora se había convertido en una mujer. Sin embargo, sus relaciones resultaron menos conflictivas de lo que podía esperarse. Ana y Gladys se habían sumergido en la Ciencia Cristiana, lo que era saludable para Gladys, pues le daba un sentido a su vida. Norma Jean las acompañaba los domingos a los servicios religiosos. Un hecho señala la buena relación que existía entre madre e hija: a principios de 1946, Gladys se acicaló, se puso un sombrero nuevo, y salió de la casa sin decir nada a nadie. Un taxi la condujo al hotel Ambassador, donde pidió una entrevista con Emmeline Snively; entonces le dijo:

He venido para agradecerle todo lo que está haciendo por Norma Jean. Le ha infundido usted una nueva vida.

Todo había comenzado con aquel reportaje en la revista *Yank*. Al ver las fotos de Norma Jean, los soldados se volvieron locos de entusiasmo, lo que indujo a Emmeline a hacerse cargo del nuevo "descubrimiento", trabajando con ella para hacerla una modelo profesional. Entonces apareció en varias portadas de revista y en calendarios. Realizó dos sesiones de pose en la Douglas Aircraft, siendo la primera ocasión en la que se sintió tratada como una verdadera "estrella".

Pero no todo eran triunfos: hubo un fotógrafo que dijo que tenía la nariz demasiado larga. Norma Jean se sintió preocupada y analizó la fotografía con gran detenimiento; pero fue Emmeline quien le explicó que ese efecto era producido por la manera de sonreír. Norma Jean se esforzó por seguir los consejos de Emmeline y al poco tiempo había logrado el tipo de sonrisa adecuado:

— *¡Perfecto!* —dijo Emmeline—. *Tu nariz queda en su sitio con esa sonrisa; practica esta noche en tu casa, frente al espejo, para que logres hacerlo con naturalidad. Sólo así lograrás dar los primeros pasos en el cine. Es ahí por donde deberás encaminar tus esfuerzos. Los contratos cinematográficos son los más sustanciosos. Si no quieres convertirte en profesional del cine entonces será mejor que te cases.*

Entonces Norma Jean le confesó lo que hasta entonces había callado:

— *Estoy casada.*
— *No es la primera vez que una chica me oculta algo así* —dijo Emmeline con resignación—. *No te preocupes, es natural. ¿Y qué piensa tu marido acerca de la profesión que deseas seguir?*

—Creo que, si fuera sincero conmigo, me pediría que la dejara. Es un muchacho magnífico. Por ahora está en el ejército.

Sin embargo, Norma Jean estaba consciente del grave inconveniente que representaba para ella el estar casada, principalmente por el hecho de que los productores cinematográficos nunca promocionaban a las modelos casadas, pues sabían que eso pesaba mucho en el ánimo de los espectadores. Otra circunstancia de peso respecto de su matrimonio era la expectativa de los hijos. Años después, Marilyn escribió en sus *Memorias*:

Jim era un buen marido. Nunca me molestó ni me turbó; excepto por una cosa: quería un hijo.

La idea de tener un hijo me ponía los pelos de punta. Yo sólo podía imaginarlo como mi propia persona: otra Norma Jean en un orfanato. Algo me sucedería, Jim desaparecería y quedaría esa niña vestida con una falda azul y blusa blanca, viviendo en casa de sus "tíos", lavando los platos y siendo la última en bañarse los sábados por la noche.

Yo no me atrevía a decírselo a Jim. Por la noche, cuando ya se había dormido a mi lado, permanecía despierta, llorando. No sabía exactamente quien lloraba, la señora Dougherty o la niña que podía tener. No era ninguna de ellas. Era Norma Jean, todavía sola, todavía deseando la muerte.

Ahora pienso de manera distinta acerca de tener un hijo. Es una de las cosas que sueño. Ahora no será ninguna Norma Jean. Ahora sé cómo voy a educarla: sin mentiras. Nadie le contará mentiras sobre nada. Responderé a todas sus preguntas. Si desconozco las respuestas, recurriré a una enciclopedia. Le explicaré todo lo que necesite saber, sobre el amor, sobre el sexo... ¡sobre todo!

Hasta ese momento, la celebridad de Norma Jean se reducía a ser una chica hermosa que aparecía en las portadas de las revistas y era buscada por fotógrafos, ilustradores y agentes artísticos. Pero de vez en cuando había que hacer concesiones, pues estaba claro que la protección de Emmeline Snively no sería suficiente. En cierta ocasión, el fotógrafo André de Diennes, la invitó de cacería; irían al campo y se quedarían en un remolque. Norma Jean no puso objeciones. A Gladys no le gustaba aquella clase de vida de su hija y los disgustos la alteraban. Un día su excitación nerviosa llegó a un grado extremo, tanto que ella misma pidió su reingreso al sanatorio. De esa manera, Gladys fue quedando fuera de la vida de su hija.

En la primavera de 1946, Norma Jean solicitó el divorcio y se trasladó a Las Vegas. Tenía diecinueve años, por lo que era una rara situación el que pidiera el divorcio. Aunque, como siempre, la ciudad de hallaba llena de turistas, era un lugar inhóspito y Norma Jean se sentía sola y deprimida. En ese tiempo, la tía Ana Lower estaba muy enferma, su madre quizá no pudiera abandonar jamás el manicomio, y ahora también pretendía separarse de Jim. Aparentemente, todos sus afectos se estaban perdiendo, pero la motivación de un contrato cinematográfico la mantenía en buena disposición para llevar las cosas adelante. Por entonces pensaba:

Debe haber centenares de chicas como yo, solas y soñando convertirse en estrellas cinematográficas. Sin duda estoy soñando en algo muy difícil.

No hay por qué saber nada para soñar cosas difíciles. Yo no sabía nada acerca de la interpretación. Nunca había leído un libro sobre ello, ni siquiera había intentado leerlo. No había comentado mis sueños con nadie, me hubiera avergonzado contar esas cosas. A todos les decía que pensaba ganarme la vida como modelo.

Pero interiormente tenía ese secreto anhelo: llegar a ser actriz. Era como estar en prisión y mirar una puerta que decía: "Salida". Ser actriz era dorado y bello; era como los bri-

llantes colores que Norma Jean veía en sus fantasías. No era un arte, era como participar en un juego que te permitía salir del mundo aburrido que conocías para entrar en mundos tan radiantes que hacían que tu corazón brincara de sólo pensarlo.

Cuando tenía ocho años, miraba por la ventana del orfanato por las noches y veía un gran letrero luminoso que decía: "R. K. O. Radio Pictures". Yo odiaba el anuncio. Me recordaba el olor de la goma, pues en una ocasión mi madre me había llevado al estudio donde trabajaba. El olor de película húmeda que ella cortaba y empalmaba se me había quedado en la nariz.

Pero se trataba de la nariz de Norma Jean; Norma Dougherty, la aspirante a actriz, no albergaba semejantes sentimientos respecto de los anuncios de los estudios. Para ella eran los faros de una tierra prometida: la tierra de Ingrid Bergman, Claudette Colbert, Joan Crawford, Bette Davis, Olivia de Havilland, Gene Tierney, Jennifer Jones...

Existe una carta, con fecha 25 de mayo de 1946, que escribió a Emmeline desde Las Vegas:

Querida señorita Snively:
Descanso una barbaridad y me estoy poniendo morena. Hace mucho calor. Es verdad que aquí siempre hay sol.

Las Vegas es una ciudad muy animada, con sus fiestas de El Dorado y todo lo demás. Esas fiestas duraron cinco días y hubo rodeos y desfiles todos los días.

Roy Rogers estuvo en la ciudad haciendo una película. Yo lo conocí y monté en su caballo "Trigger"... ¡qué caballo!

Un día de la semana pasada, paseaba por la calle y vi que estaban filmando una película. Igual que todos los que pasaban, me detuve a ver. Mientras descansaban unos momentos, un par de tipos del Republic Studio se me acercaron y me pidieron que fuese con ellos porque querían presentarme a un actor (no recuerdo su nombre, creo que se llamaba Cristy o algo parecido). Bueno, el caso es que quería conocerme, y yo *dije que bueno, y conocí a casi todos los actores, incluyendo a Roy Rogers, quien me dejó montar en su caballo. Roy Rogers es un tipo simpatiquísimo.*

Me invitaron a cenar con ellos en un restaurante llamado Last Frontier y luego fuimos a un rodeo. ¡Qué día! Desde entonces no he hecho más que firmar autógrafos en álbumes y en sombreros de chicos Cowboys. Cuando intento decir a los muchachos que yo no trabajo en la película, piensan que yo no les quiero firmar y se molestan, por eso mejor no les digo nada y les firmo.

Ya se fueron, y ahora yo me siento muy sola aquí, en Las Vegas. Es una ciudad bastante loca.

Espero que Miller haya vendido alguna de aquellas fotos, es muy buen muchacho.

Le volveré a escribir pronto... Besos.

Al verla de regreso en Los Ángeles, Emmeline intensificó la promoción de la muchacha. El primer paso importante sería enviarla a la Paramount. Pero antes hubo de teñir su pelo de un color rubio más intenso para dar gusto a un cliente que quería una modelo para un anuncio de *champú*. Aquella promoción fue un gran éxito y Norma Jean se convirtió en una de las modelos más buscadas por los fotógrafos profesionales. Este pequeño alboroto de publicidad hizo que uno de los hombres más ricos del mundo, Howard Huges, quien en aquellos momentos estaba recuperándose de una grave accidente de aviación, se interesara por ella.

Pero la especialidad de Emmeline no era el introducir a sus pupilas al cine, por lo que puso a Norma Jean en contacto con su amiga Helen Ainsworth, que se dedicaba plenamente al asunto. Ella ostentaba un alto cargo en la agencia artística *National Concert Artists Corporation*, y envió a la muchacha a la oficina de Harry Lipton, agente artístico, entonces Norma Jean firmó un contrato de representación. Convencida de que había dado un importante paso, visitó los estudios de la Fox. Ella esperaba encontrar una oficinas muy lujosas, pero el lugar era más bien modesto. Ahí pidió una entrevista con el señor Ben Lyon, quien era un importante agente artístico y jefe de repartos de la Fox.

Ben Lyon recibía aunque no hubiese cita previa, y en esta ocasión quedó asombrado ante la magnífica belleza de la muchacha que tenía delante y que le sonreía con una infantil ingenuidad, vistiendo un vestido de algodón estampado que ceñía sus formas de una exacta manera.

> — *¿Qué deseas, muchacha?*
> — *Mi sueño es trabajar en el cine.*
> — *Pues has venido al lugar adecuado, acabas de entrar en el mundo del cine.*

Ben Lyon poseían un infalible "olfato" para descubrir estrellas. En los primeros tiempos del cine sonoro él había sido un actor de cierto renombre. Estaba casado con una actriz, Babe Daniels, y en seguida descubrió que la chica que tenía enfrente no era una vulgar "cazadora de oportunidades", sino una mujer espléndida y plenamente consciente de sus dotes. Ofreció a Norma Jean una prueba con opción a contrato y se entusiasmó tanto con ella que al día siguiente habló con Harry Lipton, quedando de acuerdo en las cláusulas de un posible contrato, por supuesto, todo dependía del resultado de las pruebas. El futuro salario de Norma sería de setenta y cinco dólares semanales, que en realidad era inferior al que ganaba posando para los fotógrafos, pero para ella eso era algo más que el dinero, era entrar en un sueño que se parecía al cielo.

Lyon pidió al director Walter Lang —que estaba filmando una película en color protagonizada por Betty Grable— que rodara unos metros de película con una chica al terminar la jornada de trabajo.

> — *Si Zanuck la ve en color* —aseguró Lyon— *esta muchacha no puede fracasar.*

Darryl Zanuck era el jefe de producción de la Fox.

A lo largo de aquel día, Lyon no se separó de Norma Jean. La llevó al departamento de vestuarios, al primer peluquero de la casa y al maquillador. Luego, a las seis de la tarde, la llevó ante Walter Lang, quien la sentó en un taburete y filmó unos cien metros de película, sin sonido. Los nervios habían hecho presa de Norma Jean y Lang no cesaba de hablar para calmarla.

Al día siguiente se proyectó la cinta y Norma Jean cautivó a todos. Lyon llevó los metros de prueba a la sala de proyección de Zanuck. Cinco días después, el jefe de producción de la Fox llamó a Lyon para comunicarle que acababa de ver a una muchacha maravillosa y que la contratase al punto.

Al saber esto, Norma Jean perdió el dominio sobre sí misma y lloró entre estremecimientos. Lyon la observaba en silencio. Finalmente dijo:

—*No me gusta el nombre de Norma Jean Dougherty para estrella de cine.*

Entonces tomó una guía de teléfonos y la hojeó, sin encontrar un nombre a su gusto. Luego cerró los ojos.

—*En Nueva York yo conocí a una chica que se llamaba Marilyn Miller. Trabajaba en revistas musicales... ¿Te gusta ese nombre?*

—*Sí—*, respondió ella.

—*Pues ya eres Marilyn Miller.*

—*¿Y por qué robarle el nombre y el apellido a otra?... Quizá alguien todavía se acuerde de ella... ¿Qué le parece Monroe, el apellido de mi abuela?*

—*Muy bien, desde ahora serás Marilyn Monroe.*

Marilyn, por una corista y Monroe por su abuela; había nacido Marilyn Monroe.

6

El mundo del cine

¿Cuál de las dos criaturas era la auténtica: Norma Jean o Marilyn Monroe? En cualquier caso, la dueña de ambos nombres estaba completamente resuelta a olvidarse no sólo del primero, sino de cuanto representaba. Marilyn Monroe, una muchacha en busca de su identidad, necesitaba apoyarse en una nueva personalidad para salvarse de sus inseguridades, de sus viejos traumas, de su mísero "vestido azul". No es fácil para nadie el lograr una transformación semejante; generalmente no se consigue si, bajo una nueva personalidad, no se triunfa. Pero Marilyn Monroe triunfó.

> *Yo no deseaba nada más. Ni hombres, ni dinero, ni amor, sino la habilidad para ser una gran actriz. Con las luces enfocándome y la cámara dirigida hacia mí. De repente me conocía a mí misma... ¡qué ingenua, vacía e ignorante era! Una huérfana huraña con un huevo de ganso por cabeza.*
>
> *Pero iba a cambiar. Permanecía en silencio y observando. Los hombres me sonreían e intentaban llamar mi atención. No los actores, el director o los ayudantes. Ellos eran gente importante, y la gente importante sólo intenta llamar la atención de otra gente importante. Pero los tramoyistas, electricistas y otros empleados de aspecto saludable ponían caras sonrientes para mí. Yo no les devolvía sus muecas, estaba*

demasiado ocupada sintiéndome desesperada. Ahora tenía un nombre nuevo: Marilyn Monroe. Tenía que nacer... y en esta ocasión ser mejor que en la anterior.

El contrato que firmara con tanta ilusión parecía no tener ningún valor. Transcurrían los meses y no era llamada para interpretar ningún papel.

El Hollywood que yo conocí era el Hollywood del fracaso. Casi toda la gente que traté había sufrido desnutrición y tenía impulsos suicidas. Sucedía allí como en el poema que dice: "Agua, agua por todas partes, pero ni una gota para beber". Fama, fama por todas partes, pero nunca nos saludaba.

Comíamos en las barras de las drugstores y nos pasábamos el tiempo en las salas de espera. Éramos la más bella tribu de pordioseras que haya invadido una ciudad. ¡Y éramos tantas! Ganadoras de concursos de belleza, colegialas emancipadas, sirenas locales y procedentes de cada Estado de la Unión. De ciudades y poblados, de fábricas, de compañías de variedades pueblerinas, de escuelas de teatro... y una de un orfanato.

En la narración de sus recuerdos de aquella época, Marilyn se muestra implacable:

A nuestro alrededor estaban los lobos. No los grandes lobos del interior de los muros de los estudios, sino los pequeños cazadores de talentos sin oficinas, agentes de prensa sin clientes, hombres de relaciones públicas sin relaciones. Las drugstores y los cafés baratos estaban llenos de esos "managers" dispuestos a encumbrarte si te enrolaban bajo su bandera. En general, su bandera era una sábana.

... pero eran lo más cercano al cine que podías llegar; así que te sentabas con ellos, escuchando sus mentiras y sus planes. O veías Hollywood con sus mismos ojos: como un burdel abarrotado, un tiovivo con camas en vez de caballitos.

En aquella época, Marilyn también conoció a las "estrellas caídas", actores y actrices que habían sido arrojados del cine. Todos aseguraban haber tenido "grandes papeles" y presumían haberse llevado de "tú" con los grandes. Marilyn guardaba un recuerdo compasivo de ellos.

Era un lugar más humano que el paraíso que soñé y encontré. La gente que lo poblaba, los embusteros y los fracasados, tenían más color que los hombres importantes y los artistas de éxito que iba a conocer muy pronto.

Incluso los sinvergüenzas que me ponían zancadillas y me tendían trampas, me parecen personajes agradables y tiernos.

Por fin alguien se fijó en ella y la eligió para un insignificante papel en una comedia romántica titulada *Scuddahoo, Scuddahay*. Aparecía fugazmente en un bote de remos y ni siquiera se veía su rostro. Marilyn quedó muy defraudada; pero no se dio por vencida.

Gasté mi sueldo en clases de declamación, en clases de baile y en clases de canto. Compré libros para leer. Me hice de guiones que llevé a casa y los leía en voz alta frente al espejo. Y entonces me sucedió una cosa extraña: me enamoré de mi persona; no de la persona que era, sino de la persona que iba a ser.

En medio de su desesperación por la larga espera de la soñada oportunidad, con frecuencia pensaba en Jim. Su último encuentro había tenido lugar un año antes. Jim la había visitado para tratar acerca de varias multas de tránsito que le habían puesto a ella.

— ¿Qué tal van las cosas Norma?

Marilyn quiso saber si había visto las portadas de varias revistas en las que había aparecido, pero él le replicó que no le preguntaba por su trabajo, sino por su vida.

— ¿Eres feliz?
— Creo que sí. De día soy feliz. Pero llega la noche y desearía tener alguien a mi lado.

Parece que a Jim le molestó bastante que ella lo abandonara para ir con libertad en seguimiento de su carrera y luego se quejara de su soledad. Se despidió de ella admitiendo la posibilidad de una salida juntos, a cenar... hecho que nunca se produjo.

Marilyn recordó toda la vida esa última despedida de Jim.

Cierta noche, un actor secundario la llevó a una fiesta en una casa de Beverly Hills...

Al entrar me sentí tan aterrada como si estuviera asaltando un banco. Llevaba zurcidos en mis medias, vestía con un traje de diez dólares... y sobre todo mis zapatos; yo rezaba para que nadie se fijara en mis zapatos. Me dije: "Ahora es el momento para que te sientas como una reina, no cuando estás sola en tu habitación sin que te vea nadie".

El actor que la había llevado ahí se separó pronto de ella, buscando la habitación donde daban de comer, pues para él eso era lo más importante de la fiesta. Marilyn siguió contemplando las maravillas que le rodeaban.

Jennifer Jones estaba sentada en un sofá. Olivia de Havilland estaba de pie frente a una mesita. Gene Tierney sonreía a su lado. Había muchos otros que no reconocía bien... También había hombres, pero yo sólo miré a uno de ellos: Clark Gable tenía en la mano un whisky y sonreía... tenía un aspecto tan familiar que me dio vértigo.

Clark Gable le recordaba a su padre, en esta fotografía lo vemos en una escena de la legendaria cinta *Lo que el viento se llevó.*

Alguien habló:

—Mi querida señorita, venga y siéntese a mi lado.

Era una voz encantadora, algo acolchada por el alcohol, pero con mucha distinción.

—Imagino que usted tiene un nombre.

—Soy Marilyn Monroe.

—Me perdonará por no haber oído su nombre anteriormente —dijo Mr. Sanders—. *Siéntese a mi lado... ¿Puedo tener el honor de pedirle que se case conmigo?... Rubia, espiritual y llena de salud agreste... ¡exactamente mi tipo!*

De este incidente nació una de mis primeras enemistades de Hollywood.

Lo que ocurrió fue que más de un año después, Marilyn se encontraba todavía estancada, a pesar de haber ejecutado un pequeño papel en *La jungla de asfalto*, y en una fiesta, se produjo un escándalo y todos vieron a la actriz Zsa Zsa Gabor abandonar la reunión llevándose a un hombre del brazo. Esa huida la había provocado Marilyn con su entrada en el salón. Al parecer Zsa Zsa Gabor argumentó que en esa casa no podían permanecer las personas decentes mientras permanecían en ella "ciertas gentes", y se marchó precipitadamente. El hombre que arrastraba fuera era su esposo George Sanders.

La razón por la que yo asistía a fiestas de ese tipo era hacer publicidad a mi persona. Siempre había la posibilidad de que alguien me insultara o se metiera conmigo, lo cual hubiera sido una buena publicidad si conseguía salir en la sección cinematográfica de alguna revista. Pero incluso si nada excepcional ocurría, sólo con que se citara en alguna de las páginas dedicadas al cine que había estado presente en una reunión de gente de cine, ya era buena publicidad. Si mis jefes del estudio me veían entre estrellas cinematográficas conocidas, podían pensar que yo también era una estrella.

Tan pronto como me pude costear un traje de noche, me compré el más llamativo que encontré. Era un vestido rojo y ceñido, y mi llegada enfundada en él por lo general ponía furiosas a las mujeres presentes. Por un lado lamentaba hacer eso, pero me quedaba mucho trecho por recorrer y necesitaba a toda costa la publicidad que esa notoriedad podría darme.

Lo primero que conseguí fue una oleada de chismorreo que me identificaba como la "amiga" de Joe Schenck.

Joseph M. Schenck tenía más de setenta años y era productor ejecutivo de la Fox; era un hombre que podía hacer estrellas y deshacerlas a su antojo. Se conocieron a la salida de una fiesta (Marilyn, que supo de quién se trataba, le dedicó una suave sonrisa, y el hombre hizo parar su coche) y su relación posterior no tuvo nada de lo que se podría esperar entre un alto productor y una hermosa muchacha que aspira a ser artista. En pocas semanas Marilyn se convirtió en una asidua a las cenas que Schenck daba en su casa de Beverly Hills.

La comida era muy buena y siempre había gente importante en su mesa. No eran los habituales de las fiestas, sino los amigos personales de Mr. Schenck.

Pocas veces dije más de tres palabras durante la cena, pero me sentaba en las rodillas de Mr. Schenck y escuchaba como una esponja. En un principio no me molestó que la gente hablara de mí como la "amiga" de Mr. Schenck; pero más tarde sí llegó a molestarme; él nunca me puso un dedo encima, ni lo intentó siquiera. Yo le interesaba porque resultaba un buen adorno para la mesa y porque era lo que él llamaba "una personalidad poco convencional".

Pero en realidad había algo más. Schenck y Marilyn pensaban lo mismo sobre muchas cosas. Entendían, por ejemplo, que los sentidos son más dignos de fiar que la inteligencia. A Schenck le había agradado de Marilyn su indefensión y su aire ingenuo y agreste, pues ella no mostraba la menor afectación en su trato. Se ignora si vio alguna vez una prueba cinematográfica; si así fue, la verdad es que no quedó favorablemente impresionado. Cuando la Fox despidió a Marilyn, al terminar su contrato, en 1947, Schenck no hizo nada por ella y a Marilyn le pareció natural, teniendo en cuenta que su amistad no había sido interesada.

Sentados en el salón de Mr. Schenck, él me dijo:

— ¿Cómo van las cosas por el estudio?

Le sonreí porque me daba gusto que él no hubiera tenido participación en el despido.

— Perdí mi trabajo la semana pasada —. Le dije.

Mr. Schenck me miró y vi cien historias en su cara: historias de todas las muchachas que había conocido y habían perdido su trabajo, de todas las actrices a las que había visto alardear y reír confiadamente cuando tenían éxito y luego quejarse y sollozar ante el fracaso. No intentó consolarme. No tomó mi mano ni me hizo ninguna promesa. La historia de Hollywood asomaba en sus ojos cansados, y me dijo:

— Sigue adelante.

— Lo haré —. Le respondí.

— Intenta en el estudio X, tal vez haya algo ahí.

Al salir de la casa de Mr. Schenck, le dije:

—Me gustaría hacerle una pregunta personal... ¿Me veo distinta de como me veía?

—Tienes el mismo aspecto de siempre —dijo Mr. Schenck—, sólo que debes dormir un poco y dejar de llorar.

La "pregunta personal" formulada por Marilyn obedecía a las palabras que le habían dirigido cuando la Fox prescindió de sus servicios.

Me llamaron del departamento de pruebas y me informaron que me dejaban en libertad respecto al estudio y que mi presencia ya no sería requerida. No pude decir palabra. Yo permanecía escuchando, incapaz de moverme.

El jefe de pruebas me explicó que me habían dado muchas oportunidades y que, mientras por mi parte había hecho cuanto había podido, el estudio opinaba que no era fotogénica. Esta era la razón, me dijo, por la que Mr. Zanuck había cortado todos los trozos de las cintas en las que había intervenido, en papeles secundarios.

Mr. Zanuck considera que con el tiempo puede ser que se convierta en una actriz —dijo el jefe de pruebas—, pero su aspecto le perjudica decididamente.

Marilyn se encerró en su casa y se puso a llorar desconsoladamente. ¿Cómo podría cambiar su aspecto? Se miraba en el espejo.

... Había sucedido algo horrible; ya no era atractiva. Vi una rubia de aspecto vulgar, sin pulir. Yo me miraba con los ojos de Mr. Zanuck y veía lo que él había visto: una chica cuyo aspecto era un obstáculo demasiado grande para hacer carrera en el cine.

Marilyn apenas logró sobreponerse de aquel gran golpe. La última película en la que había intervenido se titulaba *Dangerous years*, y era un melodrama sobre la delincuen-

La cinta más reciente en la que había participado era *Dangerous Years*, su presencia había gustado.

cia juvenil —tema que entonces se comenzaba a explotar—, en el que Marilyn interpretaba el papel de Eve, una camarera. Sólo aparecía en escena unos minutos, pero su presencia gustó.

Para entonces, atendiendo a consejos bien intencionados, había empezado a asistir a la escuela de arte dramático *Actors Lab*, dirigida por Morris Carnovsky y su esposa Phoebe Brand. Este matrimonio, cinco años después, compareció ante el Subcomité Parlamentario de Actividades Antiamericanas, acusado de pertenecer a una célula comunista. Marilyn sabía que Carnovsky y Phoebe tenían una ideología de izquierda, y cuando alguien le preguntó qué opinaba sobre los comunistas, ella respondió: *¿Están a favor del pueblo, verdad?*

Al cabo de varios meses de clases, los Carnovsky no encontraron en Marilyn Monroe el menor signo de talento. Pero ella insistía. Falta de trabajo y de ingresos; las facturas se acumulaban. En esos tiempos llegó a vivir con treinta centavos al día. Algunos fotógrafos como Tom Kelley y Earl Moran, le proporcionaban ocasionales empleos como modelo, y ella se apresuraba a saldar algunas deudas, sobre todo con los Carnovsky. Muchas veces, para poder comer decentemente, iba a casa de Schenck. Y un día éste le dijo:

— *Creo que ha llegado el momento de que vuelvas a hacer películas.*

Entonces la puso en contacto con Harry Cohn, jefe de los estudios Columbia Pictures, y fue contratada por la empresa. El mismo día, Marilyn abrió una cuenta en una librería, pues realmente tenía la intención de pulirse. Abandonó su pobre vivienda y se alojó sucesivamente en los hoteles Bel Air y Beverly Carlton; después, por una temporada más larga, se alojó en el Studio Club, situado en el centro de Hollywood. Disponía de un pequeño sueldo fijo, pero, por lo demás, seguía tan estancada como antes de su nuevo contrato. Sin embargo fue en esa época, tan dura como las pasadas, cuando Marilyn se enamoró.

... me enamoré por vez primera. No sólo no me había enamorado nunca, sino que ni siquiera lo había soñado. Era algo que existía para otra gente: gente que tenía familia y hogar.

Ahora él está casado con una estrella cinematográfica y podría resultar incómodo si utilizara su verdadero nombre. Todo lo que puedo decir acerca de él es que no era un actor. Los actores son gente maravillosa y encantadora, pero para una actriz amar a un actor es algo parecido al incesto. Es como amar a un hermano que tiene tu misma cara y manera de ser.

Alguien me lo presentó y nos fuimos a un bar. Nos senta-mos y charlamos; mejor dicho, habló él. Yo lo miré y lo escu-ché. En aquellos tiempos estaba enferma interiormente debido a los fracasos y a que no había ninguna esperanza para mí; pero la voz de aquel hombre era como una medicina... él me contó que era músico.

Después de aquella ocasión comenzó a llamarme con fre-cuencia, y yo no faltaba nunca a las citas. Después de alguna semanas de conocerlo, supo que yo lo amaba. La verdad es que no se lo había dicho, pero no tuve necesidad de hacerlo. Me habló mucho de sus fracasos con las mujeres y del vacío que sentía desde que se había divorciado. Se expresaba muy cínicamente de las mujeres (se ha dicho que ese lejano in-terés que él mostró por Marilyn fue precisamente lo que a ella le atrajo. De cualquier manera, a él le cabe el ho-nor de ser el único varón a quien Marilyn Monroe in-tentó conquistar sin conseguirlo).

Él tenía un hijo de seis años cuya custodia le había sido entre-gada por ley.

Una noche, después de acostar a su hijo, se sentó al piano y tocó para mí. Para ver mejor la partitura se puso unas ga-fas. Yo no sé por qué razón, pero siempre me había sentido atraída a los hombres con lentes, así que en aquella ocasión yo me sentí particularmente emocionada.

Él dejó de tocar, se quitó las gafas y se acercó a mí; enton-ces me abrazó y me besó. Yo cerré los ojos y sentí que una nueva vida comenzaba para mí.

En esa temporada fue tan feliz que incluso se olvidó de su carrera. Llegó a valorar más una palabra de amor de aquel hombre que todas las alabanzas aún no pronuncia-das por los productores llamándola "estrella". Además, Marilyn descubrió con él el sexo. Tiempo atrás, un hombre la había llamado "lesbiana", pues no encontró en ella nin-guna reacción pasional... *Yo no le contradije* —comentó Marilyn—, *pues en verdad yo no sabía lo que era.* En algunos libros ella había encontrado las palabras "frígida" y "lesbiana", y se preguntaba si ella sería ambas cosas. *Existía además el hecho siniestro de que siempre me había encantado mirar a una mujer bien hecha.*

Pero al enamorarse sintió por aquel hombre todo lo que no había sentido hasta entonces por ninguno, y sus temores desaparecieron.

Pero su amor no se parecía en nada al mío. La mayor parte de las cosas que me decía eran formas distintas de criticarme. Criticaba mi intelecto, señalaba constantemente las pocas cosas que yo sabía y lo ignorante que era acerca de la vida.

— Todo se debe a que tu mente no está lo suficientemente desarrollada — me decía —; comparada con tus pechos, es embrionaria.

Y yo no podía contradecirle, porque primero tenía que buscar esa palabra en el diccionario.

Marilyn se preguntaba cómo podría él amarla, si la consideraba tan estúpida.

En realidad no me quería. Un hombre no puede amar a una mujer por la que siente un cierto desprecio. No puede amarla si intelectualmente se avergüenza de ella... Cuando nos vimos al día siguiente, le dije adiós.

Volvió de nuevo. Ahora me amaba. Me esperó en la calle y caminó a mi lado contándome sus penas. Pero eso no suponía nada para mí. Cuando su mano me tomó el brazo, no sentí la vibración, ni mi corazón latió.

7

En la pantalla

Cuando Marilyn Monroe se sintió libre del amor, pudo entregarse de nuevo enteramente a su carrera, y entonces tuvo la sensación de que volvía a entrar en su mundo. No pensaba demasiado en su madre, recluida en el sanatorio y sin esperanza de curación. Tampoco la visitaba con frecuencia; a veces, acompañaba a Grace Goddard cuando ella iba a ver a Gladys.

Esta ausencia de una madre creaba un gran vacío en el alma de Marilyn, que, en cierto modo, solía ser llenado a medias por una persona o por otra. Aunque siempre fugazmente. La que hubiera hecho las veces de una madre de verdad, la inolvidable Ana Lower, sufría de una enfermedad mortal. Por aquella época, Marilyn conoció a Natasha, quien la tomó bajo sus cuidados, y ella no tardó en resultarle imprescindible.

Natasha había sido contratada por la Columbia y empezó a dar a Marilyn clases de arte dramático y de cultura en general; pero no se limitó al campo estrictamente profesional, sino que gustaba de inmiscuirse en la vida privada de su alumna. Ella le pidió que dejara de salir con hombres y que usara ropa interior. Marilyn cedió en lo de los hombres, pero no en lo de la ropa interior, pues decía que no soportaba prendas que la oprimían.

En septiembre de 1948 terminó su contrato con la Co-

Marilyn en su actuación en la película *Ladies of the Chorus*, ahora se encontraba nuevamente sin empleo.

lumbia y la despidieron, a pesar de su relativo éxito —por lo menos tenía éxito como actriz musical—, en un papel más extenso que los anteriores en la película *Ladies of the Chorus*. Se trató de una decisión personal de Harry Cohn, motivada, según malas lenguas, por haberle negado Marilyn sus favores. Con todo, la propia Natasha comprendía que su pupila apenas había progresado.

El agente de Marilyn, Lipton, reunió todo el celuloide con escenas de su "estrella" y lo fue mostrando a diversos productores, hasta que Lester Cowan se fijó en ella. Necesitaba una chica de sus características para la película *Amor en conserva*, de los hermanos Marx.

Me presentó (Lester Cowan) a Groucho y Harpo Marx. Era como conocer a los personajes familiares de un cuento leído en la infancia. Ahí estaban con la misma mirada alegre y alocada que había visto en la pantalla. Me sonrieron como si yo fuera un pastelillo de repostería francesa.

— *Esta es la joven para la escena de la oficina — dijo Cowan.*
Groucho me contempló pensativamente.

— *¿Puede caminar? — me preguntó.*
Contesté afirmativamente.

— *No me refiero a caminar de la manera como lo hace mi tía Zippa. Este papel exige una joven que pueda caminar de manera tal que excite mi achacosa libido y me haga sacar humo por las orejas.*

Harpo hizo sonar un cuerno al final de su bastón y me hizo una mueca.

Entonces caminé un poco como quería Groucho.

— *¡Excelentemente bien hecho!*

El cuerno de Harpo dio tres bocinazos y él se metió los dedos en la boca profiriendo un sonido agudo.

— *Ve, camina de nuevo — me dijo Mr. Cowan.*

Anduve de arriba para abajo frente a los tres hombres, y ellos permanecieron fascinados y haciendo muecas.

— *Es Mae West, Theda Bara y Bo Peep en una sola persona — dijo Groucho —. Rodaremos esta escena mañana por la mañana. Ven temprano.*

— *Y no andes por lugares donde no hay policía — dijo Harpo.*

Amor en conserva despertó en el público la curiosidad por saber quién era aquella chica que caminaba con tanta sensualidad. Incluso Louella Parsons empezó a ocuparse de ella (Parsons era la columnista de espectáculos de los periódicos de la cadena Hearst, y era capaz de encumbrar a los artistas o hundirlos).

El fotógrafo Tom Kelly rogó a Marilyn que posara desnuda para ilustrar un calendario. El único inconveniente que puso ella se refería a la posibilidad de que resultara perjudicial para su carrera. Pero finalmente accedió a hacer el favor a su amigo, recibiendo la cantidad de cincuenta dólares. Ese calendario produjo millones de dólares, de los que muy poco recibió Kelly, pues había vendido al contado las dos mejores fotos. Años después, Marilyn pidió al fotógrafo los negativos de las dos fotos más escandalosas, en las que se veía la zona púbica, y se las entregó a su marido, Joe DiMaggio, como regalo de bodas.

Para entonces tuvo ocasión de hacer otro pequeño papel en la película *A ticket to Tomahawk*; era el rol de una chica que, junto a un grupo de coristas, debe cruzar el Oeste en plena guerra contra los indios.

Uno de los más influyentes representantes artísticos de Hollywood empezó a interesarse por Marilyn Monroe; se trataba de Johnny Hyde, y entonces se arregló con Lipton para obtener la representación única de Marilyn.

— Vas a ser una gran estrella cinematográfica —me dijo Johnny Hyde—. Lo sé, hace muchos años descubrí a una muchacha como tú y la llevé a la Metro, se trata de Lana Turner. Tú eres mejor. Llegarás más lejos. Tienes más.

— Entonces, ¿por qué no puedo conseguir un trabajo? —le pregunté—. Sólo puedo conseguir el dinero suficiente para comer.

— Es duro para una estrella el conseguir un trabajo para comer —dijo Johnny Hyde—. Una estrella sólo sirve como estrella. No resulta adecuada para algo menos que eso.

Johnny Hyde se había enamorado de Marilyn Monroe. Se gastó miles de dólares acompañándola a todos los sitios agradables de Hollywood. Cuando se supo públicamente que Marilyn era la "amiga" de Johnny, la esposa de éste pidió el divorcio.

Pero Marilyn no quiso casarse con Johnny Hyde, a pesar de la insistencia, pues no sentía nada por él. Johnny le aseguraba que el amor vendría después. Pero ella persistió en su negativa; con todo, Marilyn siempre reconoció que su triunfo se lo debía a Johnny Hyde.

El verdadero lanzamiento de Marilyn Monroe lo constituyó la película *La jungla de asfalto*. No se trataba de un primer papel; pero todo podía esperarse de un director como John Huston, *el primer genio que yo había conocido*, según declararía después Marilyn.

Mr. Huston me dio un ejemplar del guión... me lo llevé a casa y mi amiga Natasha Lytess insistió en darme clases para estudiarlo.

— ¿Crees que puedes hacerlo? — me preguntó Johnny Hyde — . Tienes que aparecer llorando y sollozando.

— Creí que tú pensabas que yo era una estrella — le respondí — , y que podía hacer cualquier cosa.

— Seguramente podrás hacerlo, pero no puedo dejar de preocuparme.

Durante varios días estudió Marilyn el papel y finalmente llegó el momento de la terrible prueba ante John Huston.

Tenía palpitaciones constantes en mi estómago. No hubiera podido estar más asustada si me hubiera puesto frente a una locomotora para que me arrollara

— Bien — dijo Mr. Huston — . ¿Le gusta el papel?

Asentí con la cabeza. Mi boca estaba demasiado seca como para intentar hablar.

— ¿Cree que puede hacerlo?

Asentí nuevamente con la cabeza... Aquí estaba mi primera oportunidad para un papel en el que verdaderamente había que actuar, y sería dirigida por un gran director. Y todo lo que podía hacer era permanecer en pie con las rodillas y el estómago temblorosos, asintiendo con la cabeza como una muñeca de madera.

Pero la prueba salió del completo agrado de Huston. Su final lo contaba el propio director, sonriendo:

Al terminar, Marilyn dudó de haberlo hecho bien y me pidió volver a rodar la escena. Consentí y se repitió, a pesar de que en la primera toma, yo ya había tomado mi decisión. Sin duda, el papel de Angela era para Marilyn.

El primer día de rodaje Marilyn apareció hecha un manojo de nervios, y John Huston se le acercó para susurrarle:

— Observa a Louis Calhern... ¿No ves cómo tiembla? Si no te pones nerviosa es que no sirves.

Esta película constituyó uno más de los éxitos de John Huston, como lo habían sido *El halcón maltés* y *El tesoro de la Sierra Madre*. Fue el gran lanzamiento de Marilyn Monroe, que interpretaba el papel de Angela Phinkay, joven y rubia amante de un abogado criminalista, que por su edad, podría ser su padre. Se trataba de un papel hecho a la medida de Marilyn, debido a la simpleza en la mentalidad del personaje. Algunos críticos la destacaron, y Howard Barnes, en el *New York Herald Tribune*, dijo que Marilyn Monroe daba "una pincelada documental a una exposición alucinante".

La incipiente fama trajo contratos para nuevas películas. En 1949-50 intervino en seis. Poco antes de *La jungla de asfalto*, Johnny Hyde le había proporcionado dos papeles, uno en *Right Cross*, con Dick Powell y June Allyson, y otro en *Hometown Story*. Consciente de sus posibilidades actuales, Hyde no la presentaba como una nueva Greta Garbo, sino como una Jean Harlow. Él fue el verdadero creador de la leyenda y el mito de Marilyn. Le metió bien en la cabeza que para ella resultaban más importantes el director y el camarógrafo que las grandes estrellas que aparecerían junto a su nombre en el reparto. Entre los grandes éxitos de Jonny Hyde figura el de haber convencido al gran Joe Mankiewicz de que el papel de Miss Caswell, la amante de un crítico teatral, en la película *Eva al desnudo*, no podría interpretarlo otra que no fuera Marilyn Monroe. La película se estrenó en noviembre de 1950, y fue otro éxito, incluso para Marilyn.

Pero Johnny Hyde moriría pocas semanas después, víctima de su corazón, no sin antes recomendar a su "criatura" que se sometiera a una pequeña operación de cirugía plástica. Apenas puede notarse la diferencia entre la Marilyn de antes y de después. Parece que la operación consistió en eliminar una pequeña protuberancia en la nariz (que antes se disimulaba con el maquillaje), además de colocarle un cartílago en la barbilla.

Al agravarse la dolencia de Hyde, Marilyn quiso estar a su lado y, de común acuerdo, ocupó un dormitorio en el segundo piso de su casa. Los familiares del enfermo se in-

Marilyn, antes y después de la cirugía plástica, las diferencias son imperceptibles.

dignaron, pero hubieron de resignarse a ver entre ellos a la amante de Johnny. Éste se hallaba muy preocupado por el futuro de aquella mujer a la que tanto amaba. ¿Qué sería de ella cuando él faltara? La consideraba incapaz de tomar decisiones por su cuenta; cosa en la que se equivocaba totalmente, como luego Marilyn habría de demostrar. Había concertado un contrato de siete años entre Marilyn y la Fox, que reportaría 750 dólares semanales a la actriz. Además, quería legarle la tercera parte de sus bienes, decisión que no pudo poner en práctica, pues la muerte llegó antes de que pudiera cambiar su testamento. En sus últimos instantes pidió que se tratara a Marilyn como si fuera de la familia. No ocurrió así, recién muerto Johnny, la familia, a través de un abogado, la obligó a abandonar la casa. Sin embargo, le permitieron que asistiera a los funerales, en los que Marilyn pronunció en medio de gritos de dolor el nombre de Johnny Hyde. En contra de la opinión de muchos, este sincero dolor de la amante tardó largo tiempo en diluirse.

De pronto, la Fox comenzó a confiar más en las dotes de Marilyn; pero no en sus posibilidades artísticas, sino comerciales. El "padre" de esta idea era Darryl Zanuck, jefe de los estudios. En tanto dependió de él, Marilyn siempre interpretó un mismo tipo de papeles. En esta línea estaba, por ejemplo, la próxima película *As young as you feel*, cuyo guionista, Lamar Trotti, recibió el encargo de que el papel de Marilyn fuera lo más largo posible. El film tuvo éxito y la crítica coincidió en señalar que Marilyn había estado magnífica.

Por entonces comenzó a rumorearse que la estrella iba a contraer matrimonio con Elia Kazan, quien, según todos los indicios, estaba enamorado de ella, a pesar de que llevaba dieciocho años casado con Molly Thatcher y había tenido con ella cuatro hijos. Un día, Elia Kazan llegó a los estudios acompañado del gran dramaturgo Arthur Miller, quien la vio actuar en una escena y que, años después, sería su tercer marido.

En 1951, la Fox estrenó tres nuevas películas en las que Marilyn intervenía como co-estrella. La mejor de estas películas fue *Love Nest*, donde Marilyn demostró capacidad par infundir en su personaje una fuerza de la que carecía.

En los archivos de la Fox se guardaba la biografía de Marilyn, y cuando los responsables de la publicidad decidieron sacarla a la luz para agregarla a la promoción comercial de la estrella, hubieron de efectuar algunos cambios: la madre de Marilyn, que figuraba como fallecida, fue resucitada y convertida en inválida, pues el revelar su locura hubiera resultado anticomercial. Todo esto hizo renacer en Marilyn su pasado; es decir, volvió a ser Norma Jean. Inesperadamente, decidió localizar a su padre y hablarle; pero consiguió solamente lo primero. El padre vivía en un pequeño pueblo cerca de Palm Springs. Marilyn rogó a su amiga Natasha que la acompañara. Desconocía entonces que su padre se había casado por segunda vez, realizado inversiones y montado una granja lechera, con excelentes resultados económicos. Muerta su segunda esposa, había contraído nuevo matrimonio.

En pleno viaje, Marilyn detuvo el coche.

— *Llamaré por teléfono* — dijo a Natasha — , *no voy a presentarme en su casa así, de golpe.*

Y ésta fue la conversación que se dio a través del hilo:

— *Puedo hablar con el señor Gifford.*
— *¿De parte de quién?* — *contestó una voz de mujer.*
— *Soy su hija Marilyn... quiero decir, la hija de Gladys Baker. Él sabe perfectamente quién soy.*
— *Lo siento, yo no sé quien es usted, pero le avisaré que está al teléfono.*

Durante una espera de más de dos minutos, Natasha

observaba el nerviosismo de Marilyn. Finalmente le hablaron de nuevo:

— No quiere verla, dice que si usted tiene alguna reclamación contra él, que la haga a través de su abogado de Los Ángeles. ¿Tiene usted papel y lápiz?
— No, no tengo — suspiró Marilyn —. Adiós.

Natasha recuerda cómo se sentó a su lado, abatida por la derrota. Ahora se encontraba en el camino del gran triunfo, pero no se sentía feliz. Los productores la habían encasillado en papeles de rubia tonta y era consciente de que no la valoraban por su arte, sino por su popularidad. Comprendía igualmente que el lema de Hollywood era "invertir sobre seguro"; si una fórmula daba resultado, la repetían hasta la saciedad. Esta falta de imaginación de los hombres del cine americano acarreaba a Marilyn hondas depresiones. Ella, que aspiraba a lo más alto, se veía estancada a medio camino, y cada vez extrañaba más a Johnny Hyde.

A principios de 1951, Marilyn se presentó en la agencia de William Morris, para arreglar ciertos asuntos, y sintió que la trataban con cierto desprecio, como si la culparan de la desgracia de Johnny Hyde. Llamó a Lipton, su antiguo representante, para exponerle su idea de cambiar de agencia. Él le recomendó la de Hugh French. Ya con su representación, French defendió magníficamente a Marilyn ante los estudios cinematográficos, consiguiendo mejorar su contrato. Sin embargo, de las dieciséis películas en las que intervino durante los diez años que duró su contrato con la Fox, sólo cuatro fueron papeles dignos de ella: los interpretados en las películas *Bus Stop* y *Los caballeros las prefieren rubias*, *Las tentaciones de arriba* y *Cómo casarse con un millonario*.

Bus Stop está considerada como una de las mejores películas de Marilyn Monroe; la única realmente buena que interpretó para la Fox. Hubo otros tres films realmente excelentes: *Con faldas y a lo loco, Vidas rebeldes* y *El príncipe y la corista*, pero no pertenecen a la Fox.

Sin embargo, en 1951 a Marilyn Monroe no se la tomaba en serio. Ella se esforzaba arduamente por superarse; estudiaba, creía firmemente en sí misma, pero era tratada como un fenómeno mercadotécnico, no como una verdadera actriz. La adulaban y ella sonreía a todos, aunque se trataba de una sonrisa forzada. Sus enemigos más enconados recordaban, entre burlas, que ella había pretendido hacer el papel de Grushenka en *Los hermanos Karamazov*, y decían que le gustaría interpretar a Lady Macbeth.

8

En busca del amor:
Joe DiMaggio

Por consejo de Jack Palance, una vez más Marilyn se matriculó en una escuela de arte dramático, la de Michael Chekhov, en el otoño de 1951. Varios meses después, el propio Chekhov quedaba asombrado de la sensibilidad con que Marilyn interpretaba el papel de Cordelia en *El rey Lear*.

Otra película suya, estrenada en febrero de 1952, no había sido producida por la Fox, sino por la RKO, en régimen de cesión de la actriz. El film se titulaba *Clash by night* y el papel de Marilyn era el de una chica que trabajaba en una fábrica de conservas de pescado; los críticos alabaron el trabajo, muestra de gran fuerza y encantadora ingenuidad.

En este periodo alcanzó dos éxitos populares con dos comedias: *No estamos casados* y *Me siento rejuvenecer*, en las que Marilyn asombró a los hombres del cine con sus aptitudes de actriz cómica. Cuando en agosto de 1952 se estrenó *Niebla en el alma*, los críticos recomendaron a Marilyn que regresara a la comedia.

El director de esta última película, Roy Baker, no había sabido indicar a Marilyn cómo trabajar su papel. Ella, por lo general intuitiva, algunas veces acertaba con sus personajes y otras no. Es decir, no podía dejársela sola. Si el director es fundamental en cualquier película, en el caso de Marilyn Monroe se trataba de un caso de vida o muerte. Pero cuando el director le daba la verdadera clave del personaje, su interpretación era inolvidable.

A veces, independientemente del director, la intuición de Marilyn daba en el blanco. Esto ocurrió en *Cuatro páginas de la vida*, en coestelar con Charles Laughton: la prostituta era una persona sensible, llena de ternura, que era precisamente lo que necesitaba el papel.

Los medios de comunicación habían difundido a los cuatro vientos que la madre de Marilyn se encontraba en un sanatorio mental y la actriz fue puesta entre la espada y la pared. El temor a la opinión pública la obligó a enfrentarse a lo que necesitaba olvidar: la realidad de aquella madre enferma. Hasta entonces, ella había vivido en una institución pública sufragada por el Estado de California, pero en adelante Marilyn correría con todos los gastos. Gladys fue trasladada en secreto a una clínica particular, donde la hija la solía visitar de tarde en tarde. Cuando Gladys murió, los gastos salieron del patrimonio que dejó.

En abril de 1952, sonó el teléfono en la casa de Marilyn...

— *Te estamos esperando, ¿es que se te ha olvidado?*

Marilyn era particularmente impuntual en las citas. No había modo de que llegara a tiempo; pero ahora la voz del teléfono también le había dicho:

— *Te advierto que quien te está esperando no es un don nadie.*

Era una bella noche y llegué tarde, como de costumbre. Cuando el anfitrión de la cena dijo: Miss Monroe, le presento a Joe DiMaggio, fue algo que yo no me esperaba.

Había pensado que conocería a un tipo algo chocante y fortachón, del tipo deportivo, y en su lugar me encontré sonriendo a un caballero reservado, vestido con un traje gris, con una corbata gris y con sus cabellos grises. Había unas motas azules en su corbata. Si no me hubieran dicho que era jugador de pelota hubiera jurado que se trataba de un magnate del acero o un congresista.

— Estoy encantado de conocerla — me dijo, y seguidamente se quedó callado para el resto de la velada. En la mesa estábamos sentados juntos, yo sólo le hice una observación.

— Hay una mota azul exactamente en el centro de su corbata — le dije —. ¿Le costó mucho tiempo el conseguir eso?

Mr. DiMaggio sacudió la cabeza... no era un hombre que gastara palabras inútilmente... No intentó impresionarme ni impresionar a nadie más. Los otros hombres hablaron e hicieron gala de sus personalidades. Mr. DiMaggio se limitó a estar ahí. Sin embargo, de alguna manera fue el hombre más interesante de la mesa... Pero yo no podía dejar de pensar: "Me pregunto si sabe que soy una actriz, probablemente no. Y probablemente nunca lo sabrá. Es del tipo egocentrista que antes se dejaría cortar un brazo que expresar cierta curiosidad por otra persona. Todo esto es una pérdida de tiempo. Lo que debo hacer es irme a la casa... y olvidarme de todo, sin perder más tiempo".

Dije al anfitrión que estaba cansada y que me esperaba un día muy duro en el estudio. Aquello en realidad era verdad. En ese tiempo actuaba en un film titulado Niebla en el alma.

DiMaggio también se puso de pie.

— ¿Puedo acompañarla a la puerta? — me preguntó.

Pero DiMaggio no regresó a la mesa: salió con Marilyn a dar un paseo.

La publicidad fue uno de los más grandes problemas que siguieron a nuestras relaciones amorosas luego de aquel paseo de tres horas por Beverly Hills.

— Me pregunto si podré soportar tu estúpida publicidad — dijo Joe.

— No tienes por qué formar parte de ella — alegué.

DiMaggio pidió a Marilyn que no llevara vestidos tan escotados, y ella consintió, y después "que no enseñara nada", y ella lo aceptó.

Hablamos de casarnos. Ambos sabíamos que aquel no sería un matrimonio fácil. Por otra parte, no podíamos seguir para siempre como un par de amantes que iban de un lado para otro. Eso podía dañar nuestras carreras.

Después de mucho hablar decidimos que, puesto que no podíamos dejar lo nuestro, el casamiento era la única solución para nuestro problema.

Y así fue que nos casamos y salimos de luna de miel con rumbo al Japón.

Aquello era algo que yo jamás había planeado o soñado. ser la esposa de un hombre importante. Ni Joe había pensado jamás casarse con una mujer que parecía ser publicidad en un ochenta por ciento.

Se casaron el 14 de enero de 1954. Encontrándose en Tokio, un oficial del ejército americano propuso a Marilyn un breve viaje a Corea para visitar a los soldados que ahí luchaban. Marilyn se mostró entusiasmada con la idea, pero no así su esposo, que sopesaba los riesgos.

— *Es lo menos que podemos hacer por los muchachos* —dijo Marilyn, y DiMaggio aceptó.

Voló a Seúl, de donde, en helicóptero, pasó a la zona de guerra. En el improvisado campo de aterrizaje fue recibida por una inmensa cantidad de soldados que la vitoreaban entusiasmados, tanto que la policía militar no los podía contener. A pesar del viento helado que soplaba Marilyn Monroe se puso un vestido tan escotado que dejaba al aire una buena parte de sus pechos. Se celebraron banquetes en su honor y la "estrella" actuó nuevamente en el escenario montado precipitadamente por el regimiento 160. En su delirio, los soldados rompieron la barrera formada por la policía militar y tuvo que suspenderse la representación. En todas las unidades se produjeron hechos parecidos y hasta hubo heridos.

La visita de Marilyn Monroe a Corea fue uno de los acontecimientos más fotografiados del mundo en ese año.

Los recién casados regresaron a San Francisco, instalándose en una gran residencia, propiedad de la familia DiMaggio, enclavada en el barrio de La Marina. Tanto Marilyn como Joe estaban convencidos de que se amaban mutuamente y de que tenían muchas cosas en común. Habiendo quedado en amigos, su relación se hubiese prolongado indefinidamente; pero el matrimonio puso en evidencia demasiadas cosas. En cualquier caso, Joe DiMaggio no supo lo mucho que amaba a Marilyn hasta que la perdió.

Durante el noviazgo habían sucedido algunos hechos importantes a Marilyn. Recién concluida la película *Me siento rejuvenecer*, y como consecuencia de la excelente actuación de Marilyn, sus productores resolvieron darle una gran oportunidad, un verdadero papel de "estrella". La película sería *Niágara*, con Henry Hathaway como director, y Joseph Cotten, Jean Peters y Richard Allan como intérpretes. Sabiendo Hathaway que el público ya identificaba a Marilyn como la sucesora de Jean Harlow, hizo que *Niágara* fuese una verdadera exhibición de la estrella, aunque siempre bajo una cobertura disimuladora. Las escenas de adulterio, interpretadas por Marilyn con Richard no tenían por escenario una alcoba, sino unas rocas escasamente acogedoras; los torrentes de agua que caían cerca de la pareja, distraían la atención del hecho sexual; además, tanto Marilyn como Richard se cubrían con gruesos impermeables, que hacían las veces de cinturones de castidad. Incluso la larga escena en la que la cámara sigue el ondulante caminar de Marilyn, vestida con un vestido rojo muy entallado, no causaba un efecto propiamente erótico. No era el caso, por ejemplo, de Mae West, que todo lo que hacía tenía el tono de la picardía. El crítico Paul V. Beckley escribió en el *New York Times*: "Es la primera vez que veo a la señorita Monroe, de modo que ahora ya sé de qué va, y no puedo hacer ninguna objeción. La señorita Monroe da un rotundo mentís a cuantos creen en el viejo aforismo teatral que recomienda no dar nunca la espalda al espectador".

Con esa película se ganó el respeto de los productores, aunque todos seguían viendo en ella un producto altamente comercial. La trataron con más cortesía, se plegaban a sus caprichos. Esto no fue positivo para el equilibrio emocional de Marilyn, que necesitaba de la tensión producida por el contratiempo, por la oposición, para seguir acomodándose a lo que siempre fuera su vida.

Parece que es imposible que los grandes triunfadores consigan la felicidad interior. Joe DiMaggio, que se había retirado el año anterior ganando 100,000 dólares anuales, después de haber sido durante diez años el rey del béisbol en el equipo de los Yankees se había divorciado de su primera esposa, la actriz Dorothy Arnold, y su única esperanza la tenía depositada en su hijo.

Los caballeros las prefieren rubias comenzó a rodarse en el otoño de 1952, y procedía de una comedia musical que se había representado con gran éxito en el viejo Ziegfel Theater y de la que la corpulenta rubia Carol Channing hacía una verdadera creación.

La compañera de Marilyn en la película fue Jane Russel, de la que se hizo amiga íntima. Esa película se estrenó en agosto de 1953, y las dos triunfadoras, Marilyn y Jane, fueron invitadas a dejar las huellas de sus pies en el cemento de aquel famoso patio en el que Norma Jean solía esperar a que abrieran la taquilla del *Grauman Chinese*, introduciendo sus pies en las huellas de las famosas y lejanas Clara Bow o Janet Gaynor, comprobando que le venían demasiado anchas. Ahora ella, convertida en estrella, dejaba sus huellas para que otras chiquillas soñadoras hicieran lo mismo.

Consiguió Marilyn Monroe en esta película lo que parecía imposible: que el público se olvidara de Carol Channing. Se dijo que... *para Marilyn , el único modo de ser aceptada consistía en ser deseada; y su comportamiento, en ese sentido, tenía tal potencial que incluso afectaba a la cámara. El mito ya estaba en marcha. Estaba integrado por belleza natural, pero también por ingenio y encanto.*

A medida que los éxitos le sonreían, Marilyn Monroe sentía más necesidad de protección, y ésta la encontró —temporalmente al menos— donde menos lo esperaba: en las dos actrices Betty Grable y Laureen Bacall. Las tres iban a intervenir en una nueva película: *Cómo casarse con un millonario*. También asistió Marilyn a una gran lección de humildad y realismo: la señorita Grable, ya en su declive, dejó limpiamente el paso a su sustituta: Marilyn Monroe. Ella estaba dispuesta a entregar su camerino, el más grande de la Fox, a la nueva reina, y lo haría sin pataleos ni escándalos. Era sincera: ella y Laureen Bacall arroparon a Marilyn y le dieron todo género de consejos: *Cómo casarse con un millonario* fue un éxito sorprendente.

La siguiente película fue *Río sin retorno*, dirigida por Otto Preminger. El rodaje se realizaría en Canadá y Marilyn se alegró mucho de dejar el imposible mundo de Hollywood por una temporada. Joe DiMaggio —quien aún no se había casado con Marilyn— abrigó la esperanza de que este alejamiento de Hollywood hiciera recapacitar a su amante para abandonar definitivamente el odioso mundo del cine, pues él, como hombre tradicional, quería tener a su esposa en el hogar, no exhibiéndose ante espectadores ávidos de sexo.

A Marilyn no le agradaba el guión de *Río sin retorno* —donde su pareja sería Robert Mitchum—, pero su contrato no le daba el derecho de rechazar lo que se le ofreciera. Después de este film, vino la boda con Joe DiMaggio.

Cuando terminaron las agitaciones del viaje de bodas y de la última película, y el matrimonio se enfrentó a la coti-

Joe DiMaggio y Marilyn contrajeron nupcias en la oficina del Juez Municipal Charles Peery en la ciudad de San Francisco el día 14 de enero de 1954.

dianidad en su espléndida casa de San Francisco, comenzaron las desavenencias. DiMaggio era de temperamento muy frío e implantó en su hogar de casado una escueta normalidad, excesivamente aburrida para Marilyn. Le molestaba el entusiasmo de su esposa ante los comentarios favorables de los críticos cinematográficos, y el que su foto saliera en las revistas...

Cuando me entusiasmaba ante una revista que publicaba una gran fotografía mía, hacía una mueca y se burlaba un poco:
— De acuerdo, pero ¿dónde está el dinero? —preguntaba.
— Es publicidad —le respondía yo, molesta.
— El dinero es mejor —decía tranquilamente.

DiMaggio era un hombre hermético, acostumbrado a su propia fama, tal vez por eso le molestaba tener una esposa célebre. El episodio ocurrido en Japón, durante su luna de miel, es muy representativo de esta actitud; Marilyn lo relata así:

Un oficial del ejército americano se acercó a nuestros asientos en el avión cuando estábamos llegando al Japón. Era el general Christenberry. Después de presentarse, pidió:
— ¿Le gustaría animar a los soldados en Corea?
— Me encantaría — respondió mi marido —, pero no creo que tenga tiempo en este viaje.
— No se lo pedía a usted — dijo el general —, me refería a su esposa.
— Ella puede hacer lo que quiera — dijo Joe —. Es una luna de miel — y me hizo una mueca diciendo —: adelante.

Cuando un hombre se casa, cree poder influir en las cosas negativas de su esposa y cambiarla para hacerla a su modo; y lo mismo le ocurre a ella con respecto a él. Joe DiMaggio quería apartar a Marilyn de la vida del cine, sin entender que aquello era imposible...

Yo sabía lo que ya había sabido cuando contaba trece años de edad y andaba junto al borde del mar con un traje de baño. Yo sabía que pertenecía al público y al mundo, no porque tuviera talento o siquiera porque fuese bella, sino porque nunca había pertenecido a nada y a nadie más. El público era la única familia, el único príncipe encantado y el único hogar que había soñado.

Estas expresiones de la propia Marilyn dejan el asunto muy claro. Pero el que a Marilyn le gustara acaparar la atención del público, verse asediada por él, hacer películas para él, no significaba que le gustara Hollywood y sus intrigas, y mucho menos la tiranía a la que ahí se le sometía. Marilyn buscaba la oportunidad de acabar con todo eso algún día — por supuesto sin dejar de ser lo que era—, y la ocasión llegó con Milton Greene, el famoso fotógrafo que un día se presentó en los estudios de la Fox con el deseo de fotografiarla para el número de Navidad de la revista *Life*. Así se conocieron.

Greene le habló a Marilyn de su proyecto de fundar una compañía cinematográfica independiente, proyecto en el que ya había logrado interesar a un financiero de Wall Street. La estrella acogió con entusiasmo aquella idea, que la liberaría de su servidumbre con la Fox, donde, además, sólo ganaba 1,500 dólares a la semana. ¿Por qué desaprovechar los cuantiosos beneficios que producían sus películas?... La realización de ese sueño la iba a alejar aún más de Joe DiMaggio.

El anuncio, por parte de la Fox de realizar otra película con la estrella, aumentó las discusiones en la pareja. Se trataba de *Luces de candilejas,* con un guión que sólo era una excusa para que actuaran famosos artistas de moda. En abril de 1954, Marilyn tuvo que tomar una drástica decisión, y dejando a Joe DiMaggio en San Francisco, se fue a Hollywood. Las úlceras de Joe se agravaron. En los meses siguientes no visitaría más de una sola vez los estudios.

Fueron unos meses tensos. Las relaciones matrimoniales se agravaron cuando, en septiembre del mismo año, Marilyn tuvo que trasladarse a Nueva York, para rodar parte de otro film de la Fox: *La tentación vive arriba* (La comezón del séptimo año). Muchas de sus escenas iban a rodarse en la misma calle. DiMaggio acusó a su esposa de aceptar siempre papeles de tonta y de dejarse explotar por los productores, que iban a exhibirla por las calles como si fuera una curiosidad zoológica. Desentendiéndose de estas críticas, como siempre, Marilyn no hizo caso de las críticas y comenzó a rodar en Nueva York... y dos días después se presentó DiMaggio. El director, Billy Wilder, se alarmó; aunque el esposo se mantuvo siempre a prudente distancia de los trabajos. Aparentemente no pretendía más que Marilyn actuara con cierta dignidad en las escenas callejeras, pues él entendía que serían contempladas por millones de personas en todo el mundo. Pero ni siquiera eso pudo conseguir. Discutieron, y en el combate entre las dos grandes personalidades, por supuesto, triunfó Marilyn.

La escena que rebasó la tolerancia de Joe fue la que se desarrolla delante del Trans-Lux Theater. Habían sido colocadas vallas para contener a la multitud que se apretujaba para ver a su ídolo. Marilyn Monroe lucía un vestido que iba a hacerse famoso: blanco, sin espalda y con una falda plisada y volandera. Como todos sabemos, dentro de un respiradero del Metro fue colocado un ventilador portátil. DiMaggio se encontraba por ahí, observando. Marilyn se situó sobre el respiradero y el ventilador le levantó la falda hasta mucho más arriba de las rodillas. El público enloqueció y Joe DiMaggio abandonó el lugar, furioso.

Marilyn regresó al hotel a las cuatro de la madrugada, agotada por las repeticiones de las escenas, y desde luego hubo una descomunal pelea entre la pareja. Joe DiMaggio salió para California al día siguiente.

Marilyn contrató los servicios de Jerry Giesler, abogado especializado en divorcios de artistas y cuyos honorarios eran muy elevados; semanas después se consumaba la separación.

9

Ruptura y nueva esperanza: Arthur Miller

Marilyn Monroe marcó su rumbo definitivo cuando, el último día del año de 1954, formalizó con Milton Greene el contrato de sociedad. La nueva productora se llamaría *Marilyn Monroe Productions*, y ella tendría el 51 por ciento de las acciones; aunque el astuto Greene emitió 101 acciones, con lo que la actriz no tendría la mayoría en las decisiones; al mismo tiempo se puso de acuerdo con los demás socios para presentar una causa común en casos de controversia.

La conclusión del rodaje de *La tentación vive arriba* significó el rompimiento de Marilyn Monroe con la Fox y con Hollywood. Entonces se fue a vivir a un departamento lejos del área de Beverly Hills, mismo que compartía con su amiga Anne Karger. Y, posteriormente, fue a vivir con Greene y su esposa Amy, en una residencia que tenían en lo alto de una colina, en Weston, Connecticut. Ahí, Marilyn volvió a tomar contacto con la naturaleza, cosa que no ocurría desde su matrimonio con Jim Dougherty.

Pero ella no era una mujer capaz de adaptarse a las costumbres metódicas de los Greene, y prefirió buscar un departamento en la ciudad, encontrándolo en las sofisticadas torres *Waldorf*. A Marilyn le encantó aquel escenario, tan propio para una estrella. Estaba viviendo sus momentos de mayor gloria. Para ofrecer al público y a los periodistas la imagen que esperaban de ella, abría cuentas en famosas tiendas y en las mejores peluquerías de la ciudad. Milton Greene pagaba religiosamente todas las facturas.

Marilyn estaba adquiriendo mucha seguridad en sí misma, derivada de la independencia que había asumido. Ella había empeñado todo su futuro en esa independencia y se sentía encaminada directamente hacia el triunfo. Sin embargo, en realidad se encontraba en los comienzos de un nuevo e incierto camino.

Amy, la esposa de Greene, también quería intervenir en la transformación de Marilyn, pues ella era la mayor inversión que había hecho su marido en su vida. Durante varios meses le dio instrucciones acerca de cómo debía aparecer en público. Los resultados no fueron los deseados. Marilyn no quería deslumbrar por su elegancia o modales finos, pues sabía que esas actitudes no iban con ella. Encontraba un gran placer en caminar descalza y sólo se maquillaba cuando había que someterse a alguna entrevista.

Por entonces comenzó a aparecer de nuevo en su vida Arthur Miller. Ella lo había conocido en diciembre de 1950, cuando él había visitado Hollywood para colocar un guión. La vio interpretar una escena en la que Marilyn debía atravesar un salón lleno de gente, y se sintió tan atraído por ella que la buscó al término de la jornada de trabajo. La encontró en su refugio solitario: un almacén atestado de gárgolas de cartón-piedra y objetos de arte egipcio en yeso.

Desde esa entrevista ambos siguieron con una relación epistolar; a través de sus cartas, Miller descubrió la exquisita sensibilidad de Marilyn. Se ha dicho que ella, por su parte, quedó deslumbrada por la inteligencia del escritor y por su rara serenidad. Arthur Miller era casado y le resultaba muy difícil separarse de su esposa, Mary Slattery, de la que tenía dos hijos: Robert y Jane. Sin embargo, a pesar de sus espaciados contactos con Marilyn, ellos se sintieron siempre unidos espiritualmente.

Al producirse el verdadero reencuentro, en 1954, Marilyn quiso que sus relaciones se consolidaran. Durante algún tiempo se vieron en secreto.

En su línea de constante perfección, Marilyn quiso seguir estudiando arte dramático, esta vez en el famoso *Actors Studio*, cuyo director y principal profesor era Lee Strasberg, que había llevado el método Stanislavsky hasta sus últimas consecuencias. Estas ideas serían asumidas muy seriamente por Marilyn, para actuar tanto dentro como fuera de la escena. Desde el primer encuentro, Strasberg entendió que Marilyn poseía un talento capaz de ser explotado en los escenarios teatrales. Poco tiempo después le comunicaba que sus progresos eran tales que podía asistir a las clases colectivas que Strasberg daba en el *Paramount Theater Building*.

Todos estos esfuerzos los combinaba Marilyn con el propósito de contraer matrimonio con Arthur Miller y de tener hijos. Quería ser ama de casa, rodearse del ambiente familiar que a ella tanto le había faltado. Se trataba realmente del choque entre dos mundos. Consciente Marilyn de este conflicto, y deseando superarlo, empezó a visitar a una famosa psiquiatra húngara.

Las clases de arte dramático y las sesiones de psicoterapia se apoyaron mutuamente, y Marilyn salió doblemente beneficiada. Sus interpretaciones dramáticas adquirieron una nueva dimensión. Y en diciembre Strasberg anunció que ella ya se encontraba en condiciones de actuar ante los miembros del Actors Studio.

Strasberg logró convencer a Marilyn de que en el teatro alcanzaría más triunfos que en el cine. Ni siquiera le habló de la posibilidad de aplicar su nuevo arte en Hollywood. Para Strasberg Hollywood no era más que una fábrica de hacer dinero. Pero Marilyn no podía abandonar el cine, y menos ahora, con la responsabilidad de la *Marilyn Monroe*

Productions sobre sus espaldas. Lo que ocurrió fue que sus nuevas interpretaciones frente a las cámaras constituyeron un gran avance con respecto a las anteriores. La mayoría de los críticos estimó que su interpretación en *Bus Stop* había sido la mejor de su carrera.

Actuar ante los miembros del Actors Studio era algo que causaba pavor incluso a los profesionales de las tablas. Marilyn interpretaría una escena de *Anna Christie* de Eugene O'Neill. Pero Marilyn había estudiado la obra entera, para averiguar realmente cómo era Anna, y también había conversado ampliamente sobre el tema con Arthur Miller, sobre todo acerca del deseo de suicidio de aquella mujer.

La prueba se realizó en febrero de 1956 y llenó a todos de asombro, menos a Strasberg, pues él sabía de las capacidades y dedicación de Marilyn; y también lo sabía Arthur Miller, quien no pudo asistir a la representación, pero había admirado a Marilyn en los ensayos. Ello fue para Miller como un segundo enamoramiento.

Antes que finalizara el año de 1956, Arthur Miller se separaba de su esposa y se iba a vivir a Manhattan. La famosa serenidad de Miller sufrió un resquebrajamiento, del que salió resentida su producción literaria. El hombre que había escrito las obras teatrales *Todos eran mis hijos, Muerte de un viajante* (premio Pulitzer 1949) y *Panorama desde el puente*, de pronto se encontró vacío. Y la mujer que hasta entonces se había apoyado en él hubo de ayudarle.

En 1955, Milton Greene inició contactos con la Fox, sobre la base de una cesión temporal de Marilyn Monroe para la realización de cuatro películas, en siete años. La actriz quedaba libre para interpretar películas fuera de la Fox. En adelante, esta productora no discutiría con Marilyn , sino con la *Marilyn Monroe Productions*. La Fox se comprometía a pagar 100,000 dólares a la Marilyn Monroe Productions y a la actriz el sueldo correspondiente al año que estuvo lejos de los estudios. La primera de las películas que surgiría de

Una escena de la película *Bus Stop* en la que aparecen Marilyn y Don Murray, la cinta sirvió para demostrar su capacidad histriónica y le trajo cierto reconocimiento por parte de la prensa.

este arreglo de coproducción fue *Bus Stop*. En realidad, la empresa de Marilyn no había tenido más remedio que unirse a la Fox para poder producir.

La vuelta de Marilyn a Hollywood constituyó un verdadero acontecimiento. Al descender del avión fue rodeada por una multitud de periodistas, y cuando le dijeron que parecía haber cambiado, ella aseguró que seguía siendo la misma; pero eso no era del todo cierto, pues ella era ya una persona más preparada y más dueña de sí misma.

La nueva casa de Marilyn y del matrimonio Greene, en Beverly Glen, se convirtió a pocas horas de la llegada en una casa de locos. Llegaba gente con guiones y fotografías, además de una muchedumbre de peluqueros, masajistas, modistas y publicistas que se habían hecho los dueños del escenario. Marilyn, llena de entusiasmo, cuidaba escrupulosamente su línea a base de carne cruda y champaña.

Con las primeras tomas, el director de la película, Joshua Logan, se dio cuenta de que Marilyn era capaz de mostrar todo su "ángel" al colocarse frente a las cámaras, de manera que dejó que improvisara, para que luego fuera ella misma la que eligiera los mejores planos. De esa manera logró un personaje de gran autenticidad. Todo era tan real, que en la escena del primer beso con Don Murray, algo de saliva se dejaba ver al momento de la separación. Logan tuvo que cortar esa parte y Marilyn lo acusó de mojigato, pero el director aseguró que la orden provenía de los altos directivos.

En junio de 1956, Arthur Miller salió de Pyramid Lake, donde había tenido que residir una temporada a fin de reunir las condiciones legales para su divorcio, y se trasladó a Nueva York, no sólo con el certificado de divorcio, sino también con un relato corto, *Vidas rebeldes*, que más tarde sería llevada al cine, desde luego con Marilyn como protagonista. No negó ante los periodistas su próxima boda con la estrella, lo que constituyó una ruidosa noticia.

Marilyn proyectaba un viaje a Londres para la filmación de *El príncipe y la corista*. Se trataba de una producción independiente, de la primera de ellas, por lo que Marilyn estaba decidida a realizar un gran trabajo. Pero una grave preocupación pesaba sobre Arthur Miller: no podría acompañara a Marilyn a Londres debido a que no tenía pasaporte; las autoridades se lo habían retirado en marzo de 1954, bajo la acusación se ser procomunista. Por aquellos tiempos todavía estaba vigente la famosa "cacería de brujas", del senador Joseph McCarthy, y Arthur Miller fue llamado a declarar ante el Comité de Actividades Antiamericanas, y en aquella ocasión Marilyn lo acompañó. Él estuvo dispuesto a firmar un documento en el que declaraba nunca haber sido comunista, pero no a facilitar informes sobre sus colegas literarios. Esperando la respuesta del tribunal, la pareja se retiró a la granja que Miller poseía en Roxbury,

Connecticut, en compañía de los padres del escritor, Agusta e Isidore Miller.

La respuesta de las autoridades fue la siguiente: si no revelaba aquellos nombres de literatos relacionados con el comunismo sería declarado rebelde, se le sometería a juicio y podría condenársele a un año de cárcel y mil dólares de multa.

En los días siguientes se produjeron protestas en varios países extranjeros. ¿Era tolerable que fuese tratado de esa manera uno de los más grandes dramaturgos vivos? Finalmente el Departamento de Estado intervino y a Miller le fue devuelto su pasaporte.

Marilyn Monroe y Arthur Miller se casaron en una ceremonia estrictamente íntima, burlando el insoportable acoso del público y de los periodistas. Primero, en el juzgado de White Plains, se celebró el acto civil, y luego, en Katonah, el ritual judío, pues Miller era judío y Marilyn quiso integrarse de tal modo a la vida de su esposo que también se hizo judía.

No eligieron Inglaterra para el viaje de bodas, sino que Inglaterra los eligió a ellos. Milton Greene había contratado a sir Laurence Olivier para dirigir y ser protagonista de *El príncipe y la corista*, nuevo título de la obra *El príncipe durmiente*, de Terence Rattigan. El sensible Miller empezó a experimentar la desagradable sensación de ser manejado, y esa impresión se agudizó al saber que no irían solos, sino que los acompañarían los Strasberg, Lee y Paula, para que vigilaran su interpretación. Miller se preguntó si aquello era realmente un viaje de bodas.

El grupo de insignes norteamericanos fue recibido en el aeropuerto de Londres por sir Laurence Olivier y su esposa Vivien Leight, al frente de una multitud de periodistas y fotógrafos. Olivier abrazó afectuosamente a su próxima pareja en el reparto, y por supuesto la empezó a estudiar, pues también la dirigiría. Entre las muchas cartas que había recibido de Logan hablándole encomiásticamente de ella, había una en la que le recomendaba: *Para facilitar el trabajo de Marilyn, limítate a cargar la cámara, a mantenerla delante de ella y mantener muy lejos a Paula Strasberg.*

El matrimonio Miller se alojó en una casa de campo levantada en Eggham, cerca de la ciudad y el parque de Windsor, por el que Marilyn gustaba de pasear en bicicleta.

Cuando empezó el rodaje de la película, Laurence Olivier descubrió lo informal que era Marilyn en cuestión de citas y de atender a instrucciones. Si la llamaba a su casa por teléfono y contestaba Arthur, éste prometía a Olivier hacer todo lo posible para que su esposa se presentara a tiempo en los estudios.

Lentamente, las opiniones de Miller respecto de su trabajo se fueron volviendo más importantes que las de los Strasberg. Laurence Olivier llegó a odiar la presencia de Paula en el rodaje, pues Marilyn se arrojaba en sus brazos cuando la reprendía el director. Fue precisamente durante la filmación de *El príncipe y la corista* cuando Marilyn tuvo su primera fuerte crisis emocional, a causa de lo que ella consideraba falta de comprensión de Olivier. Al empezar a rodar le dijo: *Y ahora, Marilyn, debes ser sexy...* Entonces ella huyó a su casa, embargada de nuevo por la inseguridad y le dijo sollozando a su marido: *Yo creí que Olivier había accedido a trabajar conmigo por mi talento, pero él también cree que mi talento se encuentra en las curvas de mi cuerpo.* Arthur Miller se propuso protegerla también en aquello. Desde hacía años, Marilyn había padecido insomnios, lo que remediaba con somníferos, pero en Londres ni siquiera eso le hacía efecto. No dormía, y en las noches era dominada por la histeria. Muchas mañanas, Miller debía hablar al estudio para informar que ella no podría asistir al rodaje. Laurence Olivier y los demás estaban seriamente preocupados. La actriz Sybil Thorndike dijo: *Necesitamos a Marilyn, en realidad es la única que sabe actuar ante las cámaras.* Cuando Marilyn supo que era esto lo que se decía de ella, se sintió muy satisfecha y su actitud cambió.

Fue un rodaje muy conflictivo. Milton Greene convino con el inglés Jack Cardiff la creación de una filial de la productora en Londres. Entusiasmado con la idea, Cardiff lo anunció a la prensa; pero cuando Marilyn y Miller leyeron la noticia, ella lloró y él se puso furioso, pues Greene no le había comunicado nada de esos arreglos a Marilyn. Entonces Miller tomó el teléfono y le gritó a Greene, con lo que las relaciones se volvieron demasiado tensas.

Al llegar a Inglaterra, Marilyn tenía la esperanza de conocer a la reina, y su deseo se cumplió, pues pronto le llegó una invitación de la reina a una fiesta en palacio. Al preguntar, muy nerviosa, cómo debía comportarse, alguien le había aconsejado: *La miras directamente a los ojos y piensas, "soy tan guapa como tú".* Marilyn se comportó perfectamente y hasta llegó a cambiar unas palabras con la reina.

El episodio más grave ocurrió al mes y medio de iniciado el rodaje, pues Marilyn leyó en la libreta donde Miller tomaba apuntes algo que la llenaba de dolor:

> *...leí que yo lo había defraudado, que creyó que yo era un ángel, pero que se había equivocado, que Olivier había empezado a pensar que yo no era más que una insoportable zorra y que él (Arthur) no encontraba razones para contradecirle.*

Esta es la versión de Marilyn, de la que arrancó todo el conflicto posterior. Lo que resulta extraño es que Arthur Miller nunca le dio importancia a ese incidente.

¿Fue así de grave lo que Marilyn encontró escrito en la libreta de su esposo?... ¿Habrá sido una exageración, como exageró muchas cosas relativas a su niñez? Vale la pena apuntar que su estado mental fue tan inquietante durante el rodaje de *El príncipe y la corista*, que se tuvo que llamar a su psiquiatra de Nueva York, quien la puso más o menos en condiciones de proseguir su trabajo frente a las cámaras.

Finalmente acabó el rodaje y el matrimonio Miller regresó a los Estados Unidos, y en el nuevo escenario, una casa de campo en Amagansset, Long Island, confiaron en encontrar la huidiza paz.

Arthur Miller no salía de su bache creador, no podía concentrarse. No hay duda de que gran parte de sus energías las empleaba en el cuidado de su esposa, la cual seguía abusando del *nembutal* para dormir. Sin embargo, de este tiempo proceden algunos relatos cortos, magníficos, como el titulado *The Misfits*, del que procede *Vidas rebeldes*.

Por entonces, Marilyn quedó embarazada. Ella no lo sabía, pero estaba físicamente incapacitada para tener un hijo. Sufría tan fuertes dolores que Miller la llevó a la ciudad, donde tuvo que ser intervenida. La frustrada madre cayó en una crisis de abatimiento. Para animarla, Miller le anunció que, del relato *The Misfits* iba a elaborar un guión especialmente para ella. La noticia ilusionó a Marilyn y la ayudó a soportar el trance.

No fue mucho después, un atardecer, cuando Miller la encontró tumbada en un sillón, aparentemente dormida. Pero él se dio cuenta de que había tomado varios nembutales y eso le había paralizado el diafragma. De inmediato llamó a una ambulancia y Marilyn fue resucitada. La serenidad de Miller le salvó la vida, y con ello Marilyn se sintió amada y protegida.

Más tarde, el matrimonio se trasladó a vivir en una granja en Connecticut, donde Miller siguió trabajando en el guión de *Vidas rebeldes*, que enriqueció con un incidente real vivido por Marilyn.

En cierta ocasión, ella y Mark, un muchacho hijo de unos vecinos, salieron a pasear por el campo y vieron a un granjero cargar una vaca estéril en una camioneta, Marilyn quiso saber a dónde la llevaba y el hombre le respondió: *Puede ser que usted se la encuentre en la mesa, convertida en filetes.* Marilyn no comprendió y hubo de ser Mark quien se lo explicara. Ella comenzó a gritarle al granjero que no podía hacer una cosa así. Entonces corrió a la casa en busca de dinero para comprar esa vaca, pero su pequeño amigo reaccionó con bastante madurez y le dijo: *Aunque se la compraras, vendrían más vacas, pues el hombre lleva cada seis meses, una al matadero... ¿vas a comprárselas todas?*

Aquella noche contó a Miller el incidente, y él se inspiró en eso para una secuencia de la película, en la que la protagonista quiere comprar un rebaño de búfalos, para salvarlos. La película se rodaría en 1960, y Marilyn ejecutaría aquella escena dominada por los temblores.

La protagonista de *Vidas rebeldes*, Roslyn, es el más profundo y auténtico personaje femenino creado por Miller; no tuvo más que mirar a quien tenía a su lado y trasladarlo al papel.

A Marilyn le gustaba el campo, aunque llegaba a aburrirle su monotonía. Buscando distraerse, convenció a su esposo de que buscaran un departamento en la ciudad, y lo encontraron en la planta decimotercera de un edificio de la calle 57. El escritor, que en la granja había hecho construir una cabaña a treinta metros de la casa, para tener un lugar aislado donde trabajar, se apresuró a elegir una habitación lo más aislada posible para poder trabajar. Marilyn pedía a las visitas que hablaran bajito.

Las relaciones con Milton Greene se agravaron cuando Marilyn decidió recuperar el control de la *Marilyn Monroe Productions* y cuando Arthur Miller quiso borrar su nombre de *El príncipe y la corista*, en cuya nómina aparecía como productor ejecutivo. Los abogados consiguieron que Milton Greene dejara de ser vicepresidente de la compañía.

De todo esto Greene echaba la culpa a Miller, por ejercer demasiada influencia sobre su esposa. Pero Arthur Miller alegaba que él se dedicaba a proteger a Marilyn, según la promesa que le hizo al principio de su vida en común con ella. ¿Dónde estaba la razón? Seguramente en un punto medio, como siempre. También Greene velaba por Marilyn; cuando una televisora americana ofreció dos millones de dólares por una serie basada en Marilyn Monroe, Greene rechazó la tentadora oferta, alegando que Marilyn no estaba en condiciones de soportar la tensión de ese trabajo; y estaba en lo cierto, aunque perdió un estupendo negocio.

Finalmente, Greene aceptó cien mil dólares a cambio de la rescisión del contrato. Hubiera podido obtener más, pero declaró que su interés por Marilyn no era económico.

Marilyn Monroe, la envidiada estrella, envidiaba a su vez a todas las madres del mundo, pues el hijo se le había vuelto una obsesión. En la primavera de 1957 hubo de ser ingresada en un hospital, con una infección de tipo ginecológico. Cayó en una fuerte depresión, de la que parecieron salvarla las miles de cartas y de flores que recibió de sus incontables admiradores.

El matrimonio alternaba sus estancias en el campo y en la ciudad. Marilyn se consolaba con los hijos de Miller, Jane y Bobby. El escritor avanzaba en el guión de *Vidas rebeldes*, y, al concluirlo, llamó por teléfono a su amigo Frank Taylor, para leérselo. Frank Taylor había sido editor de Miller y era un hombre muy preocupado por la cinematografía americana. Además, Miller y él eran íntimos amigos. Taylor se presentó con su esposa y dos de sus hijos y Miller les leyó el guión, pronunciado las frases de los *cowboys* con acento del sur.

— *Envía inmediatamente una copia a John Huston* —exclamó Taylor al terminar de escuchar la lectura.

Horas después salía el guión por correo. Huston lo leyó sin perder tiempo y envió un telegrama asegurando que el guión era magnífico y que lo dirigiría con inmenso placer.

A continuación, Miller y Taylor se pusieron a buscar actor y eligieron a Clark Gable. Le enviaron otra copia del guión y su actitud fue muy entusiasta, contestándoles que estaba a su disposición. El productor para la película lo eligió Marilyn y fue el propio Frank Taylor. La filmación comenzaría cuando Marilyn quedara libre de su intervención en *Con faldas y a lo loco*, dirigida por Billy Wilder.

Esta cinta se rodó en los viejos estudios de Sam Gold-win, y Marilyn sacó muchas veces de sus casillas a Wilder, por su falta de puntualidad, sus retrasos y las incesantes repeticiones de las escenas en las que ella intervenía. Ade-más, el director sufría fuertes dolores de espalda, que so-portaba a base de analgésicos. Sin embargo, años después, cuando Marilyn falleció, Wilder dijo con lágrimas en los ojos:

Con ella ha desaparecido todo un género. ¡Qué luminosidad la de su rostro! Con excepción de Greta Garbo, jamás ha ha-bido en el cine una mujer con tanto voltaje. El vacío que deja es irreparable.

Durante el rodaje de *Con faldas y a lo loco*, Marilyn vol-vió a sentirse embarazada. Al filmarse ciertas escenas en una playa, en medio de un tiempo espléndido, la estrella exclamó dichosa:

— ¡Esto es bueno para el niño!

Marilyn abortó por segunda vez en noviembre de 1958. Fue en el tercer mes de embarazo, por lo que la pérdida le afectó aún más. *Con faldas y a lo loco* se estrenó el 29 de mar-zo de 1959, en Broadway fue esa la película que generó más dinero de todas las que filmó Marilyn Monroe. El *New York Times* dijo que en esa película Marilyn se mostraba clara-mente como una niña tonta, pero también demostraba ser una gran actriz cómica.

Pocas semanas después, Marilyn recibiría el único ga-lardón de cierta importancia en toda su carrera: el *David de Donatello*, otorgado por los italianos, por su notable traba-jo en *El príncipe y la corista*. Miller la acompañó a recogerlo al Instituto Cultural Italiano, donde tuvo ocasión de abra-zar a la gran Anna Magnani. Este premio le infundió con-fianza en sí misma durante una temporada.

En cuanto se supo que en su visita a los Estados Unidos el presidente soviético Nikita Kruschev se proponía hacer una visita a Hollywood, Marilyn pidió a Miller que la acompañara a una comida que los estudios organizaban en honor del jerarca ruso. Miller se negó, alegando que no quería ser objeto de nuevos escarnios por parte de los grupos reaccionarios. Frank Taylor sería el acompañante de Marilyn en aquella ocasión. Ella vestía un vestido entallado de malla negra, algo transparente en la región del busto. Al recorrer la fila de invitados estrechando sus manos, el político ruso se detuvo ante Marilyn.

— *Es usted una señorita muy bella* —le dijo, reteniendo su mano.

— *Mi marido, Arthur Miller, le envía sus saludos* —le dijo ella sonriendo, y agregó—: *Convendría que estas cosas se repitieran con más frecuencia, para que nuestros países se comprendieran mejor.*

La sonrisa de Kruschev parecía expresar lo mismo.

Había llegado el momento de comenzar a trabajar en la primera de las cuatro películas que debía hacer para la Fox, y Marilyn preparó su viaje a Hollywood. Miller no dudó en acompañarla, a pesar de que sus relaciones ya habían empezado a ser algo tirantes. Una de las razones estaba en un tal Ralph Roberts, un actor de tercera línea, algo tarzanesco, que se ganaba la vida dando masajes. Algunos amigos de Marilyn sabían que Roberts la había impresionado mucho. Sin embargo, Miller iría con ella a Hollywood, en cumplimiento de su misión de protector. Por encima de todo, el actor siempre vería a Marilyn como una criatura desvalida.

Pero al llegar a Hollywood, Marilyn mandó llamar a Roberts para que le diera varios masajes a la semana, engrosando el largo séquito de la estrella.

La película se titulaba *El millonario*. En un principio, el protagonista iba a ser Gregory Peck, pero al rechazarlo él,

Yves Montand y Marilyn durante la filmación de la película *El millonario*, se hicieron amantes pero él lo negó para salvar su matrimonio.

el propio Miller eligió a Yves Montand, a quien admiraba por sus interpretaciones en *Las brujas de Salem* —una obra de Miller— y *El salario del miedo*. Yves Montand y su esposa, Simone Signoret, vinieron a ocupar una suite, frente a la de Marilyn y Miller, en el hotel Beverly Hills.

Montand poseía un extraordinario atractivo para las mujeres, una especie de sexualidad animal. Algo parecido a lo que Marilyn producía en los hombres. Simone Signoret estaba dispuesta a vigilarlo muy estrechamente. Por ello, cuando recibió el aviso de que debía regresar a Europa antes de diez días para el rodaje de su próxima película, tuvo buen cuidado de encargar a su amiga, Doris Vidor, viuda del director Charles Vidor, la vigilancia del terrible Yves.

Sin embargo, la "terrible" resultó Marilyn, quien se dedicó a perseguir al actor. A pesar de esta situación, Miller no tuvo reparo en desplazarse a Nevada en busca de escenarios naturales para *Vidas rebeldes*. Él sabía que los dejaba solos, e incluso los dejó en su casa, pues Miller partió al término de una cena en la que había invitado al actor francés... ¿Qué razones movían al escritor?

Vidas rebeldes era una película importante tanto para ella como para él, y había un fuerte contrato de por medio. Por otra parte, quizá se propuso someter a Marilyn a una prueba, abandonándola para provocarle una crisis de desamparo, tal vez pensaba que esa crisis la alejaría de Yves Montand, generando en ella el anhelo de tener pronto a su lado al marido-padre-protector. Si esto ocurría, el matrimonio estaba salvado.

Pero lo único que sintió Marilyn fue el abandono, y ella siempre necesitó un apoyo. Como Miller había nombrado a sus hijos al despedirse, supuso que iba a reunirse con ellos y la dejaba. La inseguridad de Marilyn afloró con más intensidad que nunca.

En cuanto a Yves Montand, los hechos que sucedieron a la partida de Miller expresan bien su estado de ánimo en medio de este problema. Al quedarse a solas con Marilyn, ambos se miraron y él quedó espantado. No tardó en despedirse de ella y dirigirse a casa de Doris Vidor...

¿Qué podía yo hacer?... Se marchaba y me dejaba a solas con Marilyn Monroe. ¿Acaso ignoraba que ella me perseguía? Soy un hombre débil y tenía que estar con ella mucho tiempo. Yo no quería cargar con esa responsabilidad. No funcionaba bien la cabeza de esa mujer. Todos lo sabíamos. ¿Cómo salir de este lío? No podía sacudírmela, porque debía trabajar con ella durante toda la película, y además no quería, porque era una extraordinaria experiencia.

10

Éxito y nueva ruptura

Marilyn no llamó a Arthur Miller y en adelante lo suyo no pudo llamarse matrimonio. Sin embargo, tenían una película por delante y siguieron trabajando juntos. Miller siguió protegiéndola, consciente de que el quebradizo equilibrio emocional de su esposa en cualquier momento podía venirse abajo. Aunque sabía que no estaba en condiciones de seguir en el film, se guardó mucho de comunicárselo a John Huston, pues, en el fondo, abrigaba la esperanza de que un hombre con su personalidad y sensibilidad lograría conducir dócilmente a Marilyn. Por otra parte, le gustaba pensar que, al sumergirse en el trabajo de la película, Marilyn se despojaría de sus inquietudes, sus inseguridades... y no tendría necesidad de tomar el nembutal.

Marilyn y su séquito fueron los últimos en llegar a Reno, ofreciéndoseles en el aeropuerto una gran recepción. El gobernador envió a Marilyn un gran ramo de flores, y la actriz entró en la ciudad en un automóvil descapotable rojo, propiedad de Frank Taylor.

Iba a trabajar entre amigos, lo que parecía constituir una esperanza. Montgomery Clift, al que ya conocía, interpretaría el papel de cowboy sensible. Y Clark Gable, el rey de Hollywood, sería el padre que ella había fantaseado en su infancia, con lo que su sueño se cumplía, de extraña manera.

La cinta *Misfits* la reunía con Clark Gable, por quien sentía un gran afecto, ésta sería la última película completa de ambos.

Miller y Marilyn no habían empezado a hablar de divorcio; ya lo harían al término del rodaje. De momento guardaban las apariencias compartiendo una suite en el *Mapes Hotel*, circunstancia que casi llevó a Miller al ataque de nervios. No hicieron más que una sola aparición juntos en público.

Vidas rebeldes se comenzó en medio de un enfrentamiento sordo entre dos facciones. Más o menos conscientemente, el equipo se fue dividiendo, unos miembros a favor de Marilyn y otros de Miller. Estaban con Marilyn todos los componentes de su séquito, y finalmente también el propio Clift, e incluso Gable. En el grupo de Miller figuraban Frank Taylor, su amigo incondicional y productor del film, Angela Allen, supervisora de guiones de Huston, y éste mismo, aunque de modo lejano. La culpable del nacimiento de este cisma había sido Marilyn.

El primer día de rodaje llegó con dos horas de retraso, pues dormía peor que nunca, a pesar de que había elevado la dosis de nembutal, de tres o cuatro pastillas a una dosis que hubiera matado a una persona no habituada a ese medicamento; de manera que por las mañanas, su equipo debía realizar una proeza para ponerla en condiciones de rodar. Hasta los más alejados de su intimidad llegaron a conocer que vivía bajo la tensión de graves problemas emocionales.

La noche que precedió al día en que debía interpretar la primera escena con Gable, sufrió un insomnio invencible, por lo que su dosis de nembutal fue extraordinaria; por la mañana le dieron café y masajes, pero lo único que la hizo reaccionar fue la idea de que iba a trabajar con uno de sus actores más admirados.

La escena se desarrollaba en un bar. Huston quedó totalmente satisfecho de la actuación de Marilyn, que fue muy sensible; en esta ocasión, las repeticiones no fueron por su culpa, sino por la de un perro, que no quiso dar facilidades. John Huston descubrió en seguida que Marilyn había progresado extraordinariamente desde *La jungla de asfalto*. Esta revelación le ayudó a soportar los retrasos de la estrella, y su decaimiento ante la cámara; cuando no la veía en condiciones de rodar, se dedicaba a escenas en las que no tenía que participar ella. Aquella era la norma que habían tenido que seguir otros directores.

Fuera del rodaje, Miller procuraba no estar cerca de Marilyn, sin por ello cortar la comedia que representaban ante los demás. Aunque casi siempre se encontraba en el dormitorio de su esposa cuando ésta, cada noche, comenzaba el rito de las pastillas y permanecía con ella hasta que se dormía. Pero muchas veces, ya de madrugada, Marilyn lanzaba gritos insultantes a su marido. Ella sabía que él la seguía amando y aprovechaba ese sentimiento. Por su parte, Miller sabía que su salvación estaba en alejarse de ella, aunque no podía admitir su liberación a costa del aniquilamiento de ella.

A pesar de todo la amaba, y sus noches resultaban agotadoras, tratando de tranquilizarla y de evitar que tomara el gramo de más de la droga, lo que representaba la diferencia entre la vida y la muerte. Alguien, compadecido de Miller, le propuso otra solución: una habitación en otra planta, en la que pudiera descansar, y así se hizo, entonces Marilyn suavizó su comportamiento, por lo menos no gritaba cuando Miller estaba a su lado, con lo que el escritor incluso podía trabajar estando en la habitación de ella mientras lograba conciliar el sueño.

Pero todas las precauciones no fueron suficientes para evitar la crisis aguda. Una mañana, Marilyn se presentó a trabajar completamente ausente, manifiestamente drogada. Se suspendió una semana el rodaje de la película y Marilyn fue transportada en avión a una clínica de Los Ángeles, donde fue tratada por el doctor Raph Greenson, psiquiatra al que Marilyn ya había recurrido en alguna ocasión anterior.

—¿Podrá terminar la película? —le preguntó Huston.
—Naturalmente, después de diez días de descanso y tratamiento —respondió Greenson—, pero me preocupa la gran cantidad de nembutal que toma.

La actriz regresó a Nevada el 5 de septiembre y todo parecía indicar que al fin la película podía ser terminada y todos estaban muy contentos. Al menos exteriormente, el optimismo contagió a Marilyn y a Miller, aunque en general ella lo seguía tratando con absoluto desprecio.

En *Vidas rebeldes*, Marilyn muestra fugazmente sus pechos. Ocurre en la escena en que Gable entra en el dormitorio y mientras la contempla con ternura ella se despierta. El espectador puede advertir que se encuentra desnuda bajo la sábana. Frank Taylor pretendió mantener la escena sin cortes, pero Huston cortó los metros en los que aparecían los pechos de Marilyn, lo que hizo muy a su pesar, pensando en que la escena no pasaría la censura; Marilyn comentó:

> *Me encanta hacer cosas que los censores prohíben. ¿Es que vamos a estar siempre sometidos a sus normas? La censura debe ir desapareciendo paulatinamente, pero pienso que yo no veré el gran día.*

La fecha señalada en principio para la terminación de la película fue el 14 de septiembre. Sin embargo, el rodaje dio fin el 4 de noviembre. Esta y otras causas elevaron los costos de la película en medio millón de dólares más de lo previsto. Nunca se había rodado en blanco y negro una película más cara.

Al término de los trabajos había que liberar la tensión, y se organizaron varias fiestas; en una de ellas, Clark Gable manifestó que Marilyn... *Es absolutamente femenina, sin malicia y con altas cualidades.* Pero su profesionalidad protestaba, por ejemplo, cuando confesó a un periodista: *En los viejos tiempos de Jean Harlow, se despedía a cualquier estrella que llegara tarde a los estudios.*

La película se pasó ante Max Youngstein, jefe de producción de la United Artists. Max declaró a Frank Taylor:

> *—La película nos ha defraudado. No se presentan con claridad los conflictos entre los personajes. ¿Es realmente Huston quien ha dirigido esta película?*

Por su parte, Huston declaró secamente que si algo le faltaba a la película es que carecía también de un buen guión. Miller estaba bastante confuso y triste; se limitó a encerrarse en su suite para volver a escribir las escenas que no expresaban con suficiente claridad sus intenciones.

Pero Clark Gable se opuso tajantemente a colocarse de nuevo delante de las cámaras, y el grupo que apoyaba a Marilyn le aplaudió. Finalmente, el propio Miller admitió que lo mejor era dejar la película como estaba. De manera que la película fue declarada oficialmente terminada y con ello también terminó la actuación entre Marilyn y Arthur Miller, quien se marchó discretamente.

A las 24 horas de la terminación de *Vidas rebeldes*, Gable sufrió un ataque cardiaco y falleció; al recibir la noticia, Marilyn cayó en una especie de histerismo. Esta pérdida unida a la de su marido, la sumió en una profunda crisis de inseguridad. Únicamente los sedantes la mantenían en un precario equilibrio emocional.

El matrimonio había roto oficialmente y los periodistas acosaban a Marilyn, pero su agente de prensa se encargaba de mantenerlos alejados, proporcionándole por lo menos ese espacio de paz; pero el otro espacio que necesitaba lo conseguía con los somníferos. Algunos de sus viejos amigos intentaban darle protección, relacionándose con ella, pero Marilyn se fue aislando gradualmente de ellos y se refugió en sus píldoras, que le proporcionaban un mundo de sueños abrigadores.

Entre los amigos que más se preocuparon de ella estaba Frank Sinatra, quien la acompañaba en paseos y comidas en restaurantes, estando siempre al tanto de su salud.

El acto de divorcio se llevó a cabo en Ciudad Juárez, México, el 20 de enero de 1961. Se había elegido cuidadosamente ese día, que era el de la toma de posesión del presidente Kennedy, sabiendo que al día siguiente los titulares de los diarios estarían dedicados al acto político y se evitaría el escándalo.

Al parecer, el divorcio no le causó el esperado dolor, sino más bien una especie de resignada tranquilidad. Poco después de realizado el acto se dirigió a Roxbury en compañía de su hermanastra Berenice y de Raph Roberts. Así explica Miller la visita:

Vino a la casa de campo para recoger objetos de su pertenencia. Fue un encuentro difícil; evidentemente Marilyn se sentía terriblemente deprimida y desdichada, pero intentó hacerme

Arthur Miller y Marilyn Monroe se divorciaron en Ciudad Juárez, México, el día 20 de enero de 1961.

creer que se sentía feliz y que su vida carecía de problemas. Me parece que intentaba regresar a la infancia, sin conseguirlo.

Otra manera de huir de la realidad se la proporcionó la redacción de su testamento, así como algunas indicaciones para su entierro. Dispuso que Berenice fuera la principal heredera de sus bienes. No se olvidó de Mary Reis, quien, más que secretaria, era su amiga y confidente. El resto de sus pertenencias se las dejaba al matrimonio Strasberg; Lee siempre la había protegido como un verdadero padre y fue quien más creyó en su talento de actriz.

Más tarde, en enero de 1961, su abogado Frosch le leyó el testamento definitivo, sin olvidar los últimos beneficios, pues Marilyn ya había cobrado por su actuación en *Vidas rebeldes*, y los que esperaba recibir, correspondientes al 10 por ciento de los ingresos de taquilla. Hasta entonces, la película había tenido más éxito en Europa que en América, produciendo cuatro y dos millones de dólares, respectivamente.

Marilyn Monroe gustaba de hacer escenas consideradas "fuertes", y deseaba que la censura fuera desapareciendo paulatinamente, pero nunca llegaría a ver ese día.

11

Una estrella que se apaga

En estos tiempos, Marilyn ya no ocultaba su marcada dependencia de los barbitúricos. Por un lado la calmaban, pero por otro le producían estados de confusión mental. Cuando la doctora Marianne Chris le advirtió que necesitaba ser internada, la actriz convino en ello. Fue ingresada en la clínica Payne-Whitney, aunque a Marilyn no se le dijo que en la sección de enfermos mentales.

Al ser conocido el hecho por la prensa, los periodistas pusieron cerco a la clínica. John Springer, uno de los miembros del equipo de la actriz, encargado ahora de defenderla de "los muchachos de la prensa", les aseguró que Marilyn había sido internada por una tos persistente; pero más tarde tuvo que ser más sincero:

— *Está en la clínica para descansar y recuperarse. Este último año ha trabajado en dos películas.*

Se preguntaba a los médicos si se hallaba confinada; pero ellos respondían que todo se desarrollaba normalmente y que Marilyn había ingresado por su propia voluntad.

La verdad es que estaba encerrada en una habitación desnuda, acolchonada y con rejas. En la puerta, un cristal permitía que la vigilaran desde el exterior. En vez de calmarse, su tensión nerviosa aumentó, se dice que en uno de sus arrebatos de furia, llegó a despojarse del camisón diciendo que de esa manera los que la espiaban por el cristal "podrían ver algo que valía la pena".

Arthur Miller no se resignaba del todo a desaparecer de la vida de la estrella, y telefoneó a Taylor para decirle que Marilyn no tenía a nadie, que se preocupaba por ella y que consideraba un deber suyo el hablarle y ofrecérsele en todo. Taylor lo convenció de que esa actitud sería contraproducente, y Miller lo entendió.

Pero al que Marilyn llamaba con insistencia era a Joe Di Maggio, quien se trasladó a Nueva York para verla y utilizó sus influencias para que la dieran de alta en la clínica. No se trataba de ponerla en la calle, sino de ingresarla en otra clínica menos drástica. Se eligió el Instituto Neurológico, donde dispondría de una habitación normal y un trato que no era carcelario. Menos de tres semanas sin píldoras fueron suficientes para que pudiera ser dada de alta. Pat Newcomb realizó una estricta selección entre los periodistas que deseaban entrevistarla, pero exigiéndoles que no preguntaran de su pasado sino solamente de su futuro.

La National Broadcasting Corporation ofreció a Marilyn Monroe una actuación en televisión de 90 minutos. La obra sería *Lluvia*, un relato corto de Somerset Maugham; la actriz interpretaría el papel de Miss Sadie Thomson. En 1922, ese papel lo había hecho Jeanne Eagel. Strasberg entendía que Marilyn tenía características muy semejantes a las de Eagel y estaba seguro de obtener de ella una magnífica actuación, pues él sería el director.

La NBC comunicó a Marilyn que no aceptarían a Lee Strasberg de director, pero ofrecía a Strasberg el puesto anodino de "jefe de control artístico", lo que no satisfizo a la actriz y tampoco a los directores de prestigio con los que se contactó la NBC. Comprendiendo que su participación estaba causando problemas, Strasberg decidió retirarse, pero Marilyn insistió, y la NBC se olvidó de la realización de *Lluvia*.

El abuso de los barbitú-
ricos estaba cobrando la
factura en la vida de
Marilyn Monroe. En esta
gráfica podemos apre-
ciar su desmejorado as-
pecto.

Marilyn, quien
se había ilusionado
con el proyecto, cayó
en profunda depre-
sión, y una vez más
fue rescatada por DiMaggio, quien la llevó a su casa de Fort
Lauder, donde se dedicaron al descanso y a la pesca en el
lago.

Pero a su regreso a Nueva York la esperaba un nuevo
contratiempo, pues leyó en un diario que Kay, la viuda de
Clark Gable, la acusaba de haber provocado el infarto del actor, debido a que por su culpa se había prolongado demasiado el rodaje de la película y el agotamiento fue extremo
para Clark.

Al leer esto, la actriz cayó en tal estado de crisis que
decidió lanzarse por la ventana para acabar con su vida;
pero al acercarse a la ventana vio a una mujer que iba pa-
sando y se le presentó la fantasía de conocerla y no querer
lastimarla al caer sobre ella. Ese breve espacio de cordura
le salvó la vida.

Confesó este intento de suicidio a un amigo y éste le
recomendó que abandonara Nueva York y se trasladara a
Hollywood.

Así lo hizo, pero su vida no mejoró, más al contrario
cayó en la total abulia, alimentándose de cualquier cosa y
volviendo al uso de los barbitúricos para poder dormir.

117

Lo único que la sacó de ese estado fue la operación de la vesícula biliar que se le tuvo que practicar y para lo cual tuvo que ser internada de nuevo y desintoxicada. El psiquiatra Greenson la atendió durante la convalecencia y pudo convencerla de que reorganizara su vida, siendo el primer paso la búsqueda de un asentamiento definitivo, que Marilyn encontró en el condado de Los Ángeles. En Brenwood, donde compró una hermosa casa de estilo colonial español. El doctor Greenson le aconsejó que viviera con un ama de llaves que él mismo eligió: Eunice Murray, quien representaba una figura maternal, tendría cierto ascendiente sobre la actriz y mantendría informado al doctor de las actitudes de Marilyn.

La casa de Marilyn siempre estaba llena de guiones cinematográficos que ella leía e incluso inició algún trato. Pero lo que entonces realmente le interesaba era su casa y su jardín. Siendo la casa de estilo español, quiso hacer un viaje a México para adquirir muebles y objetos para decorarla. Los cineastas mexicanos celebraron una fiesta en su honor y en ella Marilyn pudo hablar con su amigo Cantinflas.

Meses antes, recién salida de la clínica mental, le hablaron por teléfono y una voz le dijo: *Deseo tu pronta recuperación, soy el hombre que no te quiso ver hace diez años. Que Dios me perdone.* Entonces Marilyn recordó el día en que su padre no la quiso recibir y ahora, diez años después, la llamó por teléfono la enfermera de un hospital de Palm Springs, en nombre del padre de la actriz, muy enfermo a causa de varios ataques cardiacos. Él quería verla; pero Marilyn contestó: *No he visto a ese señor en mi vida, pero si quiere algo de mí, que hable con mi abogado... ¿Quiere que le dé el número de teléfono?*

Al parecer, después se arrepintió de su dureza y se sintió muy aliviada cuando supo que el hombre se había repuesto.

Marilyn Monroe se había comprometido a realizar cuatro películas para la Fox, de las que la tercera sería *Some-*

Fotografía al lado de Sammy Davis Jr., tomada durante la filmación de la película *Something's got to give*, la cual coprotagonizaría con Dean Martin.

thing's got to give. Leyó el guión, pero no fue de su agrado; sin embargo le dio el visto bueno, pues llevaba casi dos años y medio sin trabajar. Su coestelar sería Dean Martin, a quien ella misma eligió.

Los amigos de Marilyn se preguntaban si podría resistir la presión de una nueva película. Este largo periodo de descanso la había convertido en una mujer bastante descuidada. Pero iba a enfrentarse otra vez con las cámaras, vendrían las apariciones ante el público y ella tendría que recuperar su imagen.

Cuando le avisaron que debía presentarse en los estudios pues se comenzaría el rodaje, ella estaba siendo tratada por dos médicos, el psiquiatra, Dr. Greenson y el Dr. Engelbert, de una infección. Marilyn alegó que no se encontraba en condiciones de comenzar la filmación, pero los estudios insistieron y Marilyn hizo su aparición a mediados de abril. Días después descubrieron que Marilyn estaba realmente enferma, por lo que obtuvo toda clase de concesiones, como era el procedimiento usual de que todo mundo estuviera listo para rodar otras escenas en las que no intervenía ella, en caso de que no se presentara o llegara tarde. Y obtuvo algo más de los directivos, que le permitieran retirarse a casa siempre que su temperatura rebasara los treinta y siete grados. Durante el mes de mayo sólo se pudieron tomar escenas de Marilyn durante seis sesiones.

Pero lo que colmó la paciencia de los hombres de la Fox fue un viaje de Marilyn a Nueva York para pasar un fin de semana. En aquella memorable ocasión ella fue invitada por Peter Lawford quien aprovechó su estancia para invitarla a cantar el *Feliz cumpleaños* al presidente Kennedy en un acto en el Madison Square Garden al que asistían 17,000 demócratas. Marilyn se presentó tarde, como de costumbre, y su actuación fue patética, pues había tomado mucha champaña y probablemente también se encontraba sedada.

A pesar de todos sus desacuerdos, la Fox siguió soportándola un tiempo más. Además de su enfermedad, manifestaba un marcado desinterés por la película, considerándola totalmente mediocre desde el guión hasta la realización. El asunto de las fotografías tomadas en la piscina, estando ella desnuda fue otro motivo de gran tensión. El guión no exigía que ella se desnudara realmente, se introduciría en el agua con una malla de color carne. Pero al empezar la escena ella se la quitó y la arrojó lejos; había ahí tres fotógrafos que estaban autorizados para tomar fotos y ellos de inmediato se pusieron a disparar sus cámaras, pues esa era la oportunidad de su vida.

Después de nadar voluptuosamente, la actriz salió del agua, se puso de pie y posó abiertamente frente a los fotógrafos. La Fox trató de impedir la publicación de las fotografías, pero la misma Marilyn se encontraba muy satisfecha con ellas y pidió a los fotógrafos que las promovieran de manera que aparecieran en las revistas más famosas de todo el mundo.

Días después, Marilyn apareció por última vez en los estudios de la Fox, y como era su cumpleaños número 36, sus compañeros le regalaron un gran pastel. La actriz lloró conmovida. Shiller, uno de los fotógrafos sacó nuevas fotografías junto al pastel, y después le preguntó:

— *¿Cómo puedo compensarte por las fotos que nos dejaste sacar el otro día?*
— *Me gustaría tener un proyector de fotos fijas para mostrárselas a mis amigos* —respondió Marilyn, y agregó—. *Esas fotos me van a permitir comprarme una nueva casa.*

Pero antes de que las fotos salieran a la luz, iba a ocurrir algo inesperado: la Fox rescindió el contrato de Marilyn Monroe, sencillamente la despidió. Peter Levathes convocó a una rueda de prensa para declarar que... *no se pueden arriesgar millones de dólares contratando estrellas que no cumplen con sus obligaciones. He presentado demanda judicial contra miss Monroe y su empresa.*

En la película, sería sustituida por la actriz Lee Remick, quien poseía una figura muy parecida a la de Marilyn, pero Dean Martin se opuso al cambio y no quiso seguir actuando.

La Fox no podía esgrimir que desconocía el estado de salud de la estrella y sus extrañas reacciones. Sabía, como sabían todos, de su dependencia a los barbitúricos, lo que afectaba su capacidad de trabajo. El descrédito para la Fox fue mayúsculo, no se dejaron esperar las protestas por todos lados. Todo mundo sabía que Marilyn era amiga personal del presidente Kennedy y de su hermano Bobby, quienes, a su vez, mantenían una estrecha relación con Frank Sinatra, quien comentó:

— *¿Cómo se han atrevido a hacer esto a una chica tan enferma, a una chica que necesita ayuda de todos?*

Sin embargo, la Fox se mantuvo firme y Marilyn Monroe se sintió asustada. Entonces habló con los Strasberg de la posibilidad de empezar a trabajar en el teatro. Y en efecto, se trasladó a Nueva York y se presentó en el estudio de los Strasberg, donde un grupo de actores ensayaba la puesta en escena de un relato de Colette. Marilyn fue aceptada entre ellos con gran condescendencia y le asignaron el papel principal. Su participación en esta obra no fue sólo buena, sino brillante, por lo que los Strasberg comenzaron a hacer planes para su formal incorporación al teatro.

Pero esta iniciativa teatral pronto quedó truncada. Pues Marilyn volvió a caer en un estado de inseguridad patológico y ella trataba de compensar su angustia con el uso inmoderado de barbitúricos. Entonces pensó que sólo el doctor Greenson podría devolverle la paz, y regresó a su lado, abandonando los proyectos teatrales.

Durante una temporada permaneció escondida a la prensa, y ello se debió, entre otras cosas, a que había comenzado una relación con un hombre casado. Era un abogado que había llegado a Hollywood para ultimar los detalles de la producción de una obra literaria en la que tomaría parte Marilyn. A poco de conocerse comenzaron las relaciones íntimas. Se comportaron con gran discreción; sus encuentros tenían lugar en la casa de un amigo de él.

Los amigos de Marilyn estaban asombrados de estas relaciones que, aparentemente, no tenían sentido. Desde el punto de vista terapéutico no podían aportar nada positivo a la situación de la actriz.

Finalmente, los directivos de la Fox iniciaron con los abogados de Marilyn una serie de conversaciones tendientes a lograr alguna conciliación. Marilyn se mostró en la mejor disposición para un arreglo; no podía olvidar cómo la había defendido Dean Martin y sólo por favorecerlo estaba dispuesta a reanudar el rodaje de la película, lo que se acordó que sucedería en septiembre.

Por entonces corrió el rumor de que Marilyn estaba embarazada. A todo el mundo le dijo que iba a pasar un fin de semana en Lake Tahoe, pero en realidad se ingresó en secreto en una clínica.

Entre los amigos preocupados por que la actriz se interesara por las cosas de la vida y del trabajo, estaba su amigo Arthur Jacobs, quien se dedicaba a la producción cinematográfica y le dio a leer un guión titulado *What a way to go*, que era una comedia y fue muy del gusto de ella, tanto que la propuso a la Fox y ellos la aceptaron como proyecto de filmación, y ésta sería la cuarta película que Marilyn tenía contratada con esta empresa.

Todo parecía ir bien para Marilyn, sin embargo su estado emocional se agravaba; a veces ni con las píldoras lograba dormir. Cada vez tenía menos fe en sí misma. Pero realizaba grandes esfuerzos para que esto no se trasluciera al exterior. Los fotógrafos la encontraban como en sus mejores tiempos.

Pero en la intimidad Marilyn era una mujer profundamente desquiciada, que lo único que deseaba era caer en el profundo sopor de los barbitúricos para no sentir nada.

El viernes tres de agosto se levantó más tarde que de costumbre y se tomó un café cargado. Luego se vistió y salió hacia el consultorio del doctor Engelberg para indicarle que los medicamentos que le había recetado para dormir no le hacían ningún efecto, entonces él le extendió una receta de veinticinco píldoras de nembutal.

De regreso a su casa, Marilyn encontró en ella a Pat, conversaron un rato y después salieron a cenar a un restaurante francés. Por la noche, las tabletas de nembutal tampoco le produjeron efecto y apenas durmió. Al día siguiente, Pat la encontró en el desayuno con aire ausente, y silenciosa. Pat no sabía qué hacer para sacarla de su mutismo. La vio muy nerviosa a causa de que iba a recibir alguna visita. Generalmente se encontraba más tranquila cuando estaba sola.

Al mediodía, el fotógrafo Shiller llegó para saber si había firmado el contrato de *Playboy*, revista en la que iban a publicarse las fotografías suyas. Marilyn le confesó que no lo había hecho; pero cuando se despidió el fotógrafo, volvió a revisar las fotos de la piscina, sacó algunas y las marcó: *para Playboy*. Siempre ha quedado la duda de quién metió el sobre con esas fotografías bajo la puerta del estudio de los fotógrafos Schiller y Woodfiel, en la última hora de la tarde del domingo. Para entonces Marilyn Monroe ya estaba muerta.

Cuando Pat se retiró a su casa, se sintió extrañada de la actitud de Marilyn, quien la miró como disculpándose de algo. Dos días antes, *Life* había publicado una entrevista con Marilyn, sacada de una grabación. La entrevista resultó reveladora de la verdadera personalidad de Marilyn quien se expresó con gran sinceridad y frescura. Entonces muchos amigos comenzaron a llamarla para felicitarla por la entrevista, y entre ellos llamó Ralph Roberts, el masajista; pero no le contestó ella, sino el doctor Greenson, quien había ido a la casa para atenderla, pues le habían avisado que se encontraba muy decaída. Sin embargo, esa noche contestó varias llamadas, entre ellas la de Joe DiMaggio, lo que, aparentemente, le subió mucho el ánimo.

Alrededor de las once de la noche, Marilyn hizo otra llamada, esta vez con el abogado con el que tenía relaciones, a quien le dijo:

He tomado la última píldora de nembutal de mi vida y estaré soñando cuando cruce la frontera del otro mundo.

El hombre llamó a Mickey Rudin, el abogado de Marilyn en Hollywood, pero no estaba en casa. ¿Por qué no llamó a la policía?

Hay que pensar que Marilyn Monroe había tomado una dosis excesiva de nembutal y pedía ayuda. ¿Era su intención suicidarse?

Marilyn se debatía entre la vida y la muerte y aparentemente llamó a Ralph Roberts, pero éste no se encontraba, el hombre que contestó dijo que se trataba de una voz de mujer que parecía venir de un pozo profundo; pero no le dio su nombre ni su teléfono.

Más tarde sonó el teléfono en la casa de Marilyn, quien ya había dejado de luchar por su vida. La señora Murray abandonó la cama para contestar. Era el doctor Greenson para preguntar cómo se encontraba Marilyn. El ama de llaves se acercó a la habitación de Marilyn y vio luz por debajo de la puerta, pero no quiso intentar nada más, temiendo que despertara, pues el sueño de Marilyn era el tesoro más preciado en esa casa.

Alrededor de las cuatro de la madrugada, alguna de estas tres personas llamó a la policía: Mrs. Murray, el doctor Greenson o el doctor Engelberg. La llamada fue hecha desde la casa de Marilyn.

Hacia las tres de la madrugada, la señora Murray se había levantado para ir a revisar la recámara de Marilyn, y como la luz seguía encendida, se alarmó e intentó abrir la puerta, pero ésta se encontraba cerrada por dentro. Corrió al exterior de la casa y miró por la ventana.

— *Descubrí a Marilyn tendida en la cama, pero en una posición rara* —declararía después.

Del brazo extendido de la actriz colgaba el teléfono. La señora Murray se apresuró a llamar al doctor Greenson, quien no tardó en llegar. Rompió los cristales de la ventana y entró en el dormitorio. Descubrió que Marilyn estaba muerta. Salió con cuidado para no tocar nada de lo que había en el cuarto y llamó al doctor Engelberg por el segundo teléfono de la casa, que se encontraba en la cocina.

No tardaron en llegar dos coches de la policía. Se hizo cargo del caso el sargento de investigación Byron. La habitación de Marilyn estaba repleta de frascos de píldoras, unos vacíos y otros llenos.

Uno de los primeros en saber de la muerte de Marilyn fue Jim Dougherty, quien entonces trabajaba en la policía de Los Ángeles. El sargento Jack Clemmons, quien había lle-

Marilyn Monroe había muerto, pero su leyenda apenas comenzaba.

gado de los primeros al lugar de los hechos, fue quien se lo comunicó a su amigo Jim.

En el informe oficial de la policía se califica la muerte de Marilyn como un "posible suicidio". Lo que no fue creído por sus amigos, todos pensaron que había sido un desafortunado incidente.

En el depósito de cadáveres del Condado de Los Ángeles yacía uno correspondiente al expediente policiaco No. 81128, era el de Marilyn Monroe y nadie lo reclamaba.

Finalmente, Aaron Frosch, el abogado de Marilyn de Nueva York, telefoneó a Berenice Miracle, hermanastra de la actriz, y ella habló con Joe DiMaggio, quien se encargó de todos los procedimientos fúnebres.

Así terminó la vida de una mujer desdichada, pero el mito de Marilyn Monroe no se extinguirá nunca, pues ya es parte de la historia del mundo.

***

Este libro se terminó de imprimir en el mes de
Noviembre de 2003, en Litográfica Ingramex, S.A.
de C.V., Centeno 162, local 1, Col. Granjas
Esmeralda, 09810 México, D.F.

Certificado No. 02-2082